鄭石岩作品集

大眾心理館

禪學與生活

2

大眾心理館
鄭石岩作品集．禪學與生活2

禪．生命的微笑

以禪法實現自我，做生活的主人

作者：鄭石岩
執行主編：林淑慎
美術設計：雅堂設計工作室
發行人：王榮文
出版發行：遠流出版事業股份有限公司
100臺北市南昌路二段81號6樓
郵撥：0189456-1　電話：2392-6899　傳真：2392-6658
法律顧問：董安丹律師
著作權顧問：蕭雄淋律師
□2006年 3 月16日四版一刷
□2014年 6 月 1 日四版五刷
行政院新聞局局版臺業字第1295號
售價新台幣240元（缺頁或破損的書，請寄回更換）

ISBN 957-32-5736-X

ylib 遠流博識網
http://www.ylib.com
E-mail: ylib@ylib.com

大眾心理館・鄭石岩作品集・禪學與生活 2

鄭石岩 著

禪・生命的微笑

以禪法實現自我，做生活的主人

總序 我的創作歷程

鄭石岩

寫作是我生涯中的一個枝椏，隨緣長出的根芽，卻開出許多花朵，結成一串累累的果子。

我寫作的著眼點，是想透過理論與實務的結合，闡釋現代人生活適應之道，提倡正確的教育觀念和方法，幫助每個人心智成長。透過東西文化的融合，尋找美好人生的線索。我細心的觀察、體驗和研究，繼而流露於筆端，寫出這些作品。書中有隨緣觀察的心得，有實務經驗的發現，有理論的引用，也有對現實生活的回應。在忙碌的工作和生活中，我採取細水長流，每天做一點，積少成多。

從第一本作品出版到現在，已經寫了四十幾本書。這些書都與禪佛學、教育、親職、心靈、諮商與輔導有關。寫作題裁從艱深的禪學、唯識及心靈課題，到日常生活的調適和心智成長，都保持深入淺出、人人能懂的風格。艱澀冗長的理論不易被理解，特化作活潑實用的知識，使讀者在閱讀時，容易共鳴、領會、受用。因此，這些書都有不錯的評價和讀者的喜愛。

每當演講或學術討論會後，或在機場、車站等公共場所時，總是有讀者朋友向我招呼，表達受惠於這些著作。他們告訴我「你的書陪伴我度過人生最困難的歲月」，或說「我是讀你的書長大茁壯的」。身為一個作者，最大的感動和安慰，就在這些真誠的回應上：歡喜看到這些書在國內外及中國大陸，對現代人心靈生活的提升，發揮了影響力。

多年來持續寫作的心願，是為研究、發現及傳遞現代人生活與工作適應的知識和智慧。所以當遠流規劃在【大眾心理館】裡開闢【鄭石岩作品集】，期望能更有效服務讀者的需要，並囑我寫序時，心中真有無比的喜悅。

我在三十九歲之前，從來沒有想過要筆耕寫作。除了學術論文發表之外，沒想過要從事創作。一九八三年的一場登山意外，不慎跌落山谷，脊椎嚴重受創，下半身麻痺，面臨殘障不良於行的危機。那時病假治傷，不能上班，不多久，情緒掉到谷底，憂鬱沮喪化作滿面愁容。

秀真一直非常耐心地陪伴我，聽我傾訴憂慮和不安。有一天傍晚，她以佛門同修的立場警惕我說：「先生！你學的是心理諮商，從小就修持佛法；你懂得如何助人，也常常在各地演講。現在自己碰到難題，卻用不出來。看來你能講給別人聽，自己卻不受用。」

我聽完她的警語，心中有些慚愧，也有些省悟。我默然沉思良久。我知道必須接納現實，去面對眼前的困境。當晚九時許，我對秀真說：「我已了然於心，即使未來不良於行，也要坐在輪椅上，繼續我的教育和弘化工作，活得開心，活得有意義才行。」

她好奇的問道：「那就太好了！你準備怎麼做呢？」

我堅定的回答：「我決心寫作，就從現在開始。請你為我取下參閱的書籍，準備需要的紙筆，以及一塊家裡現成的棋盤作墊板。」

當天短短的對話，卻從無助絕望的困境，看到新的意義和希望。我期許自己，把東方的禪佛學和西方的心理學結合起來，變成生活的智慧；鼓勵自己，把學過的理論和累積的實務經驗融合在一起，成為活潑實用的生活新知，分享給廣大的讀者。

邊研究邊寫作，邊修持邊療傷，健康慢慢有了轉機，能回復上班工作。歷經兩年的煎熬，傷勢大部分康復，寫作卻成為業餘的愛好。從一九八五年出版第一本書開始，所有著作都經秀真校對，並給予許多建議和指教。有她的支持，一起分享作品的內容，而使寫作變得更有趣。

住院治療期間，老友王榮文先生，遠流出版公司的董事長，到醫院探視。我送給他一本佛學的演講稿，本意是希望他也能學佛，沒想到過了幾天，他卻到醫院告訴我：「我要出版這本書。」

我驚訝地說：「那是佛學講義，你把講義當書來出，屆時賣不出去，你會虧本的。這樣我心不安，不行的。」

他說：「那麼就請你把它寫成大家喜歡讀的書，反正我要出版。」

就這樣允諾稿約，經過修改增補，《清心與自在》於焉出版，而且很快暢銷起來。因為那是第一本融合佛學與心理學的創作，受到好評殊多。爾後的每一本書，都針對一個現實的主題，紮根在心理、佛學和教育的學術領域，活化應用於現實生活。

禪佛學自一九八五年開始，在學術界和企業界，逐漸蔚成風氣，形成管理心理學的一部分，企業界更提倡禪式管理、禪的個人修持，都與這一系列的書籍出版有關。

後來我將關注焦點轉移到教育和親職，相關作品提醒為師為親者應注意到心理健康、學生輔導、情緒教育等，對教育界也產生廣泛的影響。教師的愛被視為是一種能力，親職技巧受到更多重視，我的書符合了大家的需要，並受到肯定，例如《覺・教導的智慧》一書就獲頒行政院新聞局金鼎獎。

在實務工作中，我發現心靈成長和勵志的知識，對每一個人都非常重要。於是我著手寫了好幾本這方面的作品，許多家長把這些書帶進家庭，促進親子間的和諧，並幫助年輕人心智成長；許多大學生和初踏進社會的新鮮人，都是這些書的讀者。許多民間團體和讀書會，也推薦閱讀這些作品。

唯識學是佛學中的心理學，我發現它是華人社會中很好的諮商心理學。不過原典艱澀難懂，於是我著手整理和解釋，融會心理學的知識，變成一套唯識心理學系列。此外，禪與諮商輔導亦有密切的關係，我把它整理為禪式諮商，兼具理論基礎和實用價值，對於現代人的憂鬱、焦慮和暴力，有良好的對治效果。目前禪與唯識，在心理諮商與輔導的應用面，不只台灣和大陸在蓬勃發展，全世界華人社會也用得普遍。每年我要在國內外，作許多場次的研習和演講，正是這個趨勢的寫照。

二十年來我在寫作上的靈感和素材源源不絕，是因為關心現代人生活的適應問題和心理健康。我從事心理諮商的研究和實務工作超過三十年，個案從兒童青少年到青壯年及老年都有；類別包括心理調適、生涯、婚姻諮商等，我也參與臨終諮商及安寧病房的推動工作。對於人類心靈生活的興趣，源自個人的關心；當我晤談的個案越多，對心理和心靈的調適，領會也越深。

我的生涯歷練相當豐富。年少時家境窮困，為了謀生而打工務農，當過建築工、水果販、小批發商、大批發商。經濟能力稍好，才有機會念大學。後來我當過中學老師，在大學任教多年，擔任過簡任公務員，也負責主管全國各級學校訓輔工作多年，實務上有許多的磨練。

我很感恩母親，從小鼓勵我上進，教我去做生意營生。她在我七歲時，就帶我入佛門學佛，讓我有機會接觸佛法，接近諸山長老和高僧，打下良好的佛學根柢。我也很感恩許多長輩，給我機會參與國家科技推動工作長達十餘年，從而了解社會、經濟、文化和心理特質，是個人心靈生活的關鍵因素。如果我觀察個案的眼光稍稍開闊一些，助人的技巧稍微靈活一點，都是因為這些歷練所賜。在寫作時，每一本書的視野，也變得寬博和活潑實用。

現在我已過耳順之年，但還是對於二十餘年前受重傷所發的心願，珍惜和努力不已。希望在有生之年，還有更多精神力從事這方面的研究和寫作。寫作、助人及以書度人，是我生命意義中很重要的一部分，我會法喜充滿地繼續工作下去。

《禪・生命的微笑》

目錄

新版序

禪是現代生活的明燈

生活在二十一世紀的初葉，由於過度偏重經濟的發展，人類的精神生活沉浸在追求成就和高度競爭之中。每個人從小耳濡目染，被教導要追求財富、勝過別人和滿足權力。這使得每個人，盡全力追逐而忘了生活本身。於是生活的喜樂和幸福漸漸退去，悠遊自在的心境慢慢消失。人的心理生活，變得枯燥乏味；即使獲得許多成就，仍然覺得空虛不快樂。有些人在追逐競爭中，由於頻頻失利或者永不滿足而心力交瘁，漸漸變得沮喪和無助。長期的挫折感，使人變得悲傷和憂鬱。

有些人則因為長期的緊張，擔心沒有達到預期的目標，或者憂心挫折失敗丟了面子等，而產生焦慮，帶來情緒上的困擾或症狀。當然，還有些人因為生涯競技場上充斥著無情的打擊，心理受創而充滿敵意，甚至發展成暴力和仇視的生活態度。

憂慮、焦慮和敵意，是現代人情緒生活的毒素。幾乎所有的困擾、心理疾病和不幸，都是由此發展出來的。這就是二十一世紀人類精神生活的危機。

這個精神危機，來自偏差經濟發展和物慾的追逐，忽略心靈和生活的調適，特別是缺乏對人生的覺悟和崇高精神價值的素養。持續發展下去，會帶來更多的焦慮不安、厭倦憂鬱，還有冷漠無情的敵意仇恨。禪所提倡的開悟和覺醒，以及保持心靈喜樂和安定的方法，正是解除這項危機的妙方。

我年少學佛學禪，透過生活和心靈的修持，隨著歲月的增加，逐漸有了豐富的體認。加上我在心理諮商的研究和實務經驗，以及三十餘年來觀察個案的心得，更能了解人生的開悟就是從種種執著、情結的縱慾中解脫出來，去開展和實現喜樂的人生。同時認清眼前對經濟發展的偏頗和迷失，正是道德沉淪和心情錯亂的主因。面對這樣的困境，禪顯然是帶領我們拓展幸福人生的明燈。禪學的闡揚，顯然可與經濟發展的價值相融，而發展出新的精神文明。

人要生存下去當然需要經濟生活，但能生存並不能保證活得喜悅。禪告訴我們，人需要財物來生活，但卻不能把自己變造成物。追逐、囤積和佔有慾，使我們的生活物化，從而失去創意和喜樂。當一個人把生活當成手段，把追求財富和贏過別人當目的時，美好的生活將受到貶抑。痛苦和病態就從這兒出現。解除這種生活上的本末倒置，正是心理諮商努力的目標，也是禪的本質。

禪教導我們打破執著與顛倒的迷失。依自己的本質和因緣，去實現自己的人生，這並不違背眼前的經濟生活，但卻能讓自己活得自在，活得有喜悅、有意義。讓生命現出微笑的法喜。

顯然，禪是拯救現代人精神生活危機的良方，透過禪的智慧和生活態度，將能免除焦慮、憂鬱和仇恨。它是維持現代人心理健康和幸福的明燈。

禪學是超越宗教的，它是一種心的效能訓練，透過內在的學習，使人更清醒，更有愛心和智慧去生活；讓自己過得充實、喜悅和成功，從中看出生命的意義和光明性。

每一個生命都不相同，稟賦、性向、能力和遭遇互異，因此每一個人注定要依自己的根性因緣，活出他的生命之路，發現其生命價值，領會到生命的喜悅。這就像花開一樣，儘管每一株花的顏色、大小、形狀和香氣都不相同，但開得喜樂，綻放時的微笑則相同。

本書旨在傳述這項清醒、充滿創意和喜樂的生活藝術。現代人需要禪的洗滌；面對快速的經濟和社會變遷，更需要提升心的效能。讀者普遍喜歡這本書，出版至今已發行二十餘萬本，我相信這是大家的共同需要和興趣，也表示這個社會正朝向高效能和積極面成長，而一種新的精神文明正在孕育發展之中。

我經常在各地演講，總會緣遇許多熱情的讀者，誠心地要我在書上簽名，且常常遇到他們拿《禪・生命的微笑》讓我簽。我請教他們為什麼喜歡這本書，他們的回答是「它給了我許多啟示」、「它改變了我的人生」、「它讓我從許多煩惱和困難中走出來」、「它給了我達觀的生活態度和成功的生活」等等。於是我蒐集了許多人對這本書的迴響，主要包括：

- 我把它當案頭書或枕邊書，經常閱讀，或一兩頁或一二節，它給了我精神糧食和清涼的心境。
- 每當面對困擾或逆境時，我會靜下心來閱讀它，便能保持清朗的心情，去面對該承擔的現實。
- 讀過這本書之後，我把「生命的微笑」當座右銘，常常思索參契，它讓我感受到許多禪味，改善我的生活品質，讓我更有勇氣去克服生活的挑戰。

● 這本書讓生活有了轉機，我由刻板轉為活潑，從拘謹嚴肅變為開朗主動，它把禪的智慧帶進生活。

● 十餘年前讀這本書，印象至今深刻，它給了我喜悅和豁然開朗的心境。

● 本書闡述了禪學所謂「萬古長空，一朝風月」的妙旨，引發我對人生意義的思索；它讓我學會珍惜有限的生命，也認識到永恆存在的慧命。

這本書把深奧難懂的生活智慧，作了平易近人的旁白。它能幫助更多人尋獲喜悅和充實的人生，找到幸福和生命的第一義。它給現代人帶來清新的生活態度，穎悟的思考和踏實悅樂的生活。希望有更多讀者從中獲得啟發和益處。

原序

拭亮法眼見歡喜

許多人以為禪是很玄很神秘的。事實不然，禪是自己從種種貪婪和執著中解脫出來之後的恬悅、閒適和睿智。它完全表現於生活之中，所以禪家說搬柴運水是禪，行住坐臥是禪，揚眉瞬目是禪，澄心靜慮是禪。解脫煩惱和執著，便現出自己的「清淨法身」，適應於千變萬化的行為角色就是「千百億化身」，在日常生活中圓滿成功就是「圓滿報身」。因此，禪不但不神秘，相反的，它是一種生命的藝術，它沃開了生命的花朵，讓我們對著自己的生活報以微笑與欣悅。

許多人問道，學禪究竟有什麼好處？有時我說，學禪可以給自己寬廣的心理生活空間，帶給自己喜悅自在。有時我說，它能啟發自己的性靈，讓自己默契超脫的精神生活。有時我說，它能促動自己對生命之微笑與實現。禪的好處實在很多，最根本最重要的是，它讓每個人拭亮自己的「法眼」，認清真正的自己，好過活潑喜悅的生活。

學禪，基本的出發點要正確，不要把「空」看做虛無消極，更不能把「如如不動」當做守空修定。真正的空是淨化自己，接納自己，放下貪婪、嗔怒、愚癡、傲慢和懷疑；真正的「如如不動」是了解自己，接納自己，不被物慾所牽，不做境界色相的奴隸，讓自己充分地醒覺過來。這個簡單的出發點就是禪的微妙本質。它孕育了「真空妙有」的生活智慧，使空宗和有宗的人生哲學，完全融會在生活的實現之中，而成為所謂的圓滿法。

般若和悟也是學禪的人首先要窺悉的。般若即是佛性，是智慧的活水源頭。如果我們被貪婪和執著等無明所障礙，被成見、偏見和虛偽所矇蔽，般若的光明性便被塵封，智慧也就無從流露出來，那就要迷失，就會造成許多煩惱與痛苦。至於悟則表示一個人能看穿那些矇蔽自己的「無明」，從許多塵勞、無明和煩惱中解脫出來，那就是覺醒。

生活並不單是真空妙有和覺悟的理念問題，更重要的是要落實在實現的本身。所以要在生活之中保持禪定，保持不被色相所牽，內心不被外境所動的修養。這樣才能在生活之中見性。也唯有在生活之中見性，才能回歸到一切現成的禪法，入「平常心是道」的真正義諦。

禪的宗旨就是教人見性成佛的法門。因此，禪一方面是出世間的，是要透過頓悟，度脫一切愚迷，直了成佛，入十方諸佛法界。但是，禪者又知道生命本身就是一個見性的歷程，如果不在生活之中見性悟道，便無從證悟成佛，所以禪是世出世間法不二的，是圓融無礙的生命之道。

現代人受到科學的薰染很深，凡事講究科學的驗證和證據。這本來沒有什麼不對，但日子既久，心靈被科學刻板化，結果把許多不屬於科學的精神生活領域遺忘了，因而造成精神生活的空虛與苦悶。禪能打開我們的法眼，看到廣闊的視野，看出精神生活的希望與光明。

生活在文明的工商社會，物質的享受是充裕的，但是人心被物慾誘惑，而變得更貪婪，使自己的心靈備覺窮困不安。匱乏感加上忙碌、競爭和緊張的生活方式，往往使許多人苦悶異常。而禪正好提供了一個嶄新的生活態度和智慧，讓我們在既有的科學文明上，孕育出完美的生活方式。

這本書把禪的基本要義做通俗的闡釋，它的目的是為讀者提供一個簡要的門徑，去打開自己的法眼，看到生命實現的原貌，它正像花朵一樣，綻放著清香，露出微笑與歡喜。

壹

生命的微笑與實現

一段春風有兩般，
南枝向暖北枝寒，
現前一段西來意，
一片西飛一片東。

——宋・無德禪師

禪是能夠讓我們契入生命底蘊的法門，也可以說它是一種生活的智慧和藝術。透過它，我們可以拭亮自己的「法眼」，看清生命的意義，活出圓滿的人生。每一個人都需要禪的智慧，特別是生活在緊張、忙碌而又多慾的現代社會，最需要禪的洗滌。因為它能洗去煩惱，恢復心靈的自由，披露生活的真情。

對於現代人而言，知識是豐富的，但生活的智慧卻是狹隘的。因此，許多人擁有廣博的知識，能做事，能賺錢，但不快樂。誠如西哲蘇格拉底所說：「真正帶給我們快樂的是智慧，而不是知識。」因為只有智慧才能保證自己活得有創意，能帶來光明的人生。然而，什麼是生活的智慧呢？這要從禪的傳承說起。

相傳釋迦牟尼佛在靈山法會上，他手裡拈著一朵花，對著大眾微笑，聽說就在那拈花示眾和微笑之間，已經把所有的佛法都道盡了，把生活的智慧和藝術說得淋漓盡致了。但是在法會上的大眾，每個人都面面相覷，不知道佛陀說的是什麼。這時座中有一位弟子大迦葉，卻對佛陀報以會心的微笑，就這樣發生了禪宗的第一次傳燈。他們師徒之間完全的會心，心傳密付了。釋迦牟尼便對大迦葉說：

吾有正法眼藏，涅槃妙心，
實相無相，微妙法門，
不立文字，教外別傳，
付囑大迦葉。

禪是教外別傳的。它不屬於宗教，但又屬於宗教；它不屬於哲學，但又屬於哲學；它什麼都不是，但什麼都是。因為它發生在彼此見面的時候，一個恬悅的微笑，它傳遞了一切，包容了一切。它綻放著心靈的和諧、完美與圓融，它讓我們發現生命的意義，同時看到真正的自己。

佛陀對大迦葉所說的這段話是什麼意思呢？我有「正法眼藏」，即指正確的人生觀。那是要放下（即寂滅）一切無知、煩惱和不合理的慾望之後，孕育「涅槃妙心」。這個涅槃妙心，看出了生命的本質，孕育了生活的智慧，所以能篤篤當當、歡歡喜喜的過悅樂充實的生活。

禪所謂的涅槃，是要把心裡的成見放下來，把思想和情感的障礙放下來，把人際間的障礙放下來，把所學的知識放下來，把讀過的經典統統放下來。當一切放下，這時剩下的是什麼呢？這唯一實存的就是智慧，一種光明的創造性。智慧是一切精神現象的主體，只有智慧能告訴我們應該怎樣跨出第一步，也只有智慧能告訴我們第二步又是什麼。由於知識是死板的，所以它不可能回答人生。要回答人生就必須孕育涅槃的妙心，它即是「實相無相」的禪。

涅槃妙心不是宗教，但卻是佛教的一部分。在中國佛教的十個宗門之中，每一個宗門都要修禪，因為它是導致一個人正等正覺的媒介。特別是禪宗，它完全從心地法門入手，教外別傳，以心傳心的方式，達到自心的解脫，見自本性的開悟，從而成佛。

也許你現在要追問，佛陀為什麼要拈花微笑呢？很明顯的，這是一種意義豐富的象徵式語言。佛陀手中拈動的那朵花正象徵著生命，生命正是那朵從未開到怒放，再到凋零的花。佛陀拈著花，告訴大眾，生命的意義就在自己手中，是自己掌握著自己，並應對它報以歡喜的微笑。就在對自己的生命報以微笑，對自己的生活報以讚賞的正確觀念下，我們接納了自己，面對自己的環境和遭遇，如如實實地過實現的生活。

當我們放下一切虛榮，放下跟別人互別苗頭，放下不合理的抱負水準時，我們便活在如如實實的生活之中，那就是「如來」的生活，而如來是要從涅槃妙心出發。禪便是要點亮這盞如來心燈，讓它流瀉著光明的智慧，照亮自己的心靈世界。禪家說，一燈能除萬年暗，正是這個涵義。

禪燈是什麼？它代表著一個光明智慧，是一個生活的法門。如果用禪者的語言簡要的表達，那就是「真空妙有」。它的意思是，一個人必須懂得把心裡頭的一切障礙、煩惱、不合理的慾望等等加以清除，這個功夫就是「真空」。然後依據真正自己的本質，自在地生活，好好地實現，那就是「妙有」。禪家說：

萬古長空，
一朝風月。

長空就是放下一切虛榮、成見、偏見和貪婪，甚至要放下知識，放下過去經驗所帶來的刻板觀念。當我們放下這些障礙時，我們就能自由的創造。生活的本質是，自己必須把手中握著的「塵土」放開，然後才可能張開你的雙手，握取生命的「明珠」。當我們放下手中緊握的一切，才有可能去工作，實現生命所賦予的潛能，這樣才可能活得好。當我們肯把自己的收穫拿來跟別人分享，布施給社會時，我們才體驗到生活的實現。這就是「真空妙有」的真諦，就是禪。宋朝的善能禪師說：

不可以一朝風月，昧卻萬古長空；
不可以萬古長空，不明一朝風月。

善能的意思是說，你不能把生命看成永恆，它只是一朝風月而已。因此你用不著執著在一朝風月中的榮華、成就和美譽。生命畢竟也不是空的，如果你把生命看成消極的空相，那麼你就看不出一朝風月的美好和意義了。注意！一朝風月正是現在有苦有樂，順逆無常的自己。

每個人的一生，都可能有順有逆，在這一朝風月之中，免不了要跌倒的。人不可能免於跌倒，但必須學習如何跌倒；人免不了有失敗和災難，但必須懂得接納它。當我們把抱怨、委屈、憤懣放下時，我們即刻又勇敢高興地站了起來，這就是真空妙有。就在這一剎那，我們會得到一個新的體悟，心靈得到自由與成長，那就是禪。所以禪家所說的「空」，指的是「真空」，它含著「妙有」的精神活力和智慧。

空幾乎是人類生活的一部分。這怎麼說呢？有一天我的孩子突然問我說，台灣地區意外死亡的首要原因是什麼？我回答說，也許是車禍。接著換我問他，為什麼會發生偌多車禍呢？他告訴我可能是不守道路交通安全規則，可能是疲勞駕駛，可能是車輛保養不好等等。我聽完之後告訴他，車禍發生的真正原因是失去空間。空間是禍福的關鍵，有空間便能生存，就有福氣，沒有空間就有災難，就要滅亡。我們之所以制訂道路交通安全規則，要每一個人遵守它，正是為了保持良好的空間。

人與人之間的倫常、社會上通行的規範和法治觀念，都是為了維護生活上可供迴旋的空間。沒有空間不只會發生車禍，在生活上就有了衝突和緊張，在政治上就有政爭，甚至造成暴力和流血。

生活在一個人口密集而忙碌異常的社會，給人的第一個感覺是生活的空間狹隘。因此，我們急需要另一個空間，好調整我們的生活。這個空間就是心理生活空間，也就是禪家所謂的禪法。《六祖壇經》上說：

摩訶般若波羅蜜法。

摩訶是心量廣大有如虛空，它即是我們的清淨自性。般若是透過廣大心量和淨化心中種種煩惱所披露出來的智慧。波羅蜜是指從煩惱的此岸到自由喜悅的彼岸。全句的旨意是「大智慧到彼岸」，這就是禪法的精義，亦是空的本旨。

在禪法裡頭，可以把空字當動詞來看；這是把自己內心裡頭種種的成見、偏見、煩惱、印象等等放下，有了寬闊的心理空間，便可以產生禪定而孕育智慧。比如說，許多父母認為孩子應該唯命是從，最好像是個小大人一樣。事實上，把孩子管教成一個小大人，日子久了，他便拘束定型。他的創造性和適應能力的空間就會大打折扣，有時甚至無法適應新環境。那是因為孩子的思想、態度和價值被父母的觀念完全形塑的結果，他失去了自由創造和思考的空間。

夫妻吵架也是因為缺乏空間所致。有一對夫妻經常為一些雞毛蒜皮的小事而爭吵，他們告訴我說，許多事他們彼此一看就不順眼，再看就要指責對方幾句。比如說，先生擠牙膏總是從中間壓擠下去，造成一條牙膏雙頭翹的形狀，太太看了就批評他一番，接著就大吵起來。這種現象就是缺乏心理生活空間，因為他們的心裡頭被成見佔滿了，變得鬱悶，心靈智慧都要窒息了，所以要吵嘴。太太的成見是牙膏不能從中間壓擠，先生的成見是太太總是找碴兒。只要把這些成見放下來之後，彼此的人際關係就會好起來。

所以人的生活需要空間，需要心理生活空間。愛情沒有空間便會起衝突、鬧彆扭；生活安排得太緊張而沒有空間，就變得焦慮不安；人際關係上如果沒有空間，則會造成許多糾紛。空間既然這麼重要，我們應該怎樣開拓空間呢？現在我們來看看禪家的看法。

寬容是性情的空間

寬容是人類性情的空間。懂得寬容別人，自己的性情就有了轉折的餘地，不容易發脾氣、鬧情緒，當面跟別人起衝突。佛教裡頭，有一尊菩薩叫彌勒佛，在經典上祂的原名叫「當來下生彌勒尊佛」，這尊佛代表著充滿希望和喜悅的未來，我們從佛像中可以看出全部的彌勒法門：祂笑容滿面，肚子大大的，表現了寬容的生活智慧。據禪學典籍的記載，彌勒佛曾經在中國示現過，他就是布袋和尚。他平常提著一個布袋，手持禪杖，四處化度有情眾生。雖然到處弘法很辛苦，但他每天都是笑容滿面的，充滿喜悅自在。他的生活態度表現了人生的達觀與寬厚。聽說，彌勒佛的造型就是依照布袋和尚的樣子雕塑的。它透過象徵式語言，表達了深奧的彌勒法門：笑容表現了對未來的希望和愉悅的心情，方耳象徵著福氣，大肚表示寬厚能容。

於是，當我們拜佛的時候，就在佛像中看到寬容、平直和開懷。就在禮拜之中，自己成為彌勒法門的實踐者，也就薰習了寬容、喜悅的福氣。我們在禮拜彌勒時，受到甚深微妙的啟發：生活之中肚量最為重要，它給我們廣大的思想空間、無量的性情空間，更給予我們無盡的歡欣。布袋和尚說：

我有一布袋，
虛空無罣礙，
展開遍十方，
入時觀自在。

好的肚量就像他所謂的大布袋，展開要像遍十方那樣寬大，那才有寬廣的心理生活空間，任由自己優游，生活得自在，到哪裡都可以契機應緣，都可以和諧圓滿。

寬容使我們表現出好的性情，同時能引發別人的迴響。禪宗有一則知名的公案：古代一個禪院裡的老禪師，有一天晚上，他出來院子裡散步，發現牆角那邊有一張椅子，他一看就知道有出家人越牆出去溜達了。這位老禪師便走過去把椅子移開，自己就地蹲著。過了一會兒，果然有一位小和尚翻牆，踩著老和尚的背跳進院子。當小和尚發現自己剛剛踏的不是椅子，而是自己的老師，便驚慌失措，張口結舌。這時，老禪師並沒有厲聲責備，只是以平靜的語調說：「夜深天涼，快去多穿一件衣裳。」禪師寬容了他的弟子，自己不陷於氣急敗壞，學生也因為老師給了他冷靜的反省空間，而發生醒悟。嗣後，老禪師也沒有再提這件事情，可是所有禪院的弟子都知道了這件事，而且沒有人再越牆到外頭閒逛。這就是禪師的肚量，它提供了師生之間互動的空間，也孕育了教育與成長的機緣。

禪者以空的行持，換來了性情的空間。人如果能實踐寬容，知道在性情生活上看出空間，在生活上便顯得處處順利和融洽。當老闆的懂得寬容伙計，便能激發他們工作的意願和創造力；身為一個主管若能懂得寬容之道，便有了帶動群策群力的禪機；一個老師知道寬容，就給學生帶來教育的機會。這一切都是性情所發生的力量和感召，它是寬容所孕育出來的高貴性情。

從容是作息的空間

禪家認為最莊嚴的生活態度是從容。人若能保持一點從容，作息就能遊刃有餘，所以說從容是作息的空間。打個比方說，你要為一個團體做演講，一定要把時間控制好，才有安定的心情演講。倘若把時間預估得太倉卒而遲到，以致禮堂都坐滿了，講者自己還在趕路，那就免不了慌張失措，心情大亂。做任何事情都一樣，沒有充裕的時間，就會破壞工作效率，甚至影響到休息的安適。

許多人在日常生活或工作中發生錯誤，追根究柢是因為匆忙。他們忙著趕公共汽車而發生意外，睡得太晚而來不及吃早餐；匆忙中不是忘了帶辦公室的鑰匙，就是遺失了重要的文件。甚至長期的緊張，帶來身心上的疾病或倦怠。所以要想作息正常，就必須注意安排時間。

心理學家曾經做過研究，發現甲型性格的人總是匆匆忙忙，做起事情來像急驚風一樣。這種人血液裡的化學平衡不好，膽固醇也比一般人高，六十歲以前得心臟病的人有百分之九十是屬於甲型性格的人。他們的通病是忽略了作息的安排，未能把握時間，讓自己有個緩衝的空間。至於乙型性格的人，則比較從容，他們比較能夠安排時間，不急不徐，所以血液裡的化學平衡較佳。由於他們能夠冷靜思考，善用智慧，因此真正能夠運籌帷幄，決戰千里的人，不是甲型性格的人，而是乙型性格的人。然而，一般人印象中好像很有魄力的甲型性格者，一時之間好像很有效率，但由於缺乏長遠的把握，只稍過一段時間，他就失之交臂，因而常常掌握不到那些成功的契機。

戒律是自我的空間

許多人常常這麼想：我就是我，我的「自我」是如如實實的存在著。我有自己的自由意志，決定我想做的一切。但事實上，這個我未必是自由的。比如說，我們聆聽一場演講，覺得說得很有道理，甚至完全信服。聽到激昂慷慨處，便發生盲目崇拜，人云己云了。這時演講者說，這是他的自由；聽講者也說這是他的自由——請問，如果未經清醒的思考，能算是自由嗎？

禪者告訴我們，如果沒有經過禪定，做到「外離相」（不被外在的現象所矇蔽）、「內不亂」（內在的獨立思考），就不能算是自由。佛陀在《涅槃經》中告訴他的弟子，要保持自由的思考必須遵守四個法則，那就是佛教徒必須恪守的「四依」戒律。

第一個法則是依法不依人。人應該依賴真理，而不是依賴個人；因為依賴人會造成個人的盲目崇拜，會造成自我的迷失和知性的退化。人類只有崇尚醒覺的思考和圓滿的真理，才可能步上康莊大道。

第二個法則是依義不依語。我們讀書思考，研究學問，不只對著知性的知識去思考，更重要的是體驗其中的精義，把它變成我們生活的能力，這就是禪家所謂的「得義忘言，得魚忘筌」。同時，我們也要注意，語言本身是具限定性的，而所要表達的意義是非限定性的。語言可以用閩南語表達，可以用國語敘說，言語的種類雖有差別，但它們所要表達的意義卻是真理；它充滿於宇宙天地之間，是一切有情眾生所共同受用的。此外，語言是很容易引起誤會的東西，因為它經常表現得不夠精密，所以我們要善聽別人的語義，了解別人，寬恕別人，增進彼此的了解，這樣就叫做依義不依語。

第三個法則是依了義不依不了義。每個人應追求圓滿的人生，要注意和諧與圓融，更要注意了解人生的究竟，從而解脫種種煩惱、苦悶、偏見和貪婪，使自己過著恬淡豐足的人生。貪婪和多慾是不了義的思想，追求享福是不了義的行徑。恬淡是了義的態度，布施是真正豐足的根源。

第四個法則是依智不依識。生活必須依賴智慧和創造力，它是人類解決問題的保證，也是維持獨立思考的憑藉。知識是死的，它只是小小的工具；意識是靠不住而且容易錯誤的。真正能給予我們指引的是善用知識和意識的智慧，所以說要依智不依識。

透過四依這四個思考的戒律，我們就能發慧，就能清醒，就能不斷地成長。因此，「四依」是自我成長的空間。

生活的戒律是維持生活正常、身體健康、獲得正等正覺的保證。佛陀在快要圓寂的時候，弟子們問道：

「老師寂滅之後，我們要拜誰為師？」

佛陀說：

「以戒為師。」

這是每一位正信的佛教徒所熟知的典故。佛陀告訴他的弟子，每一個人都應該遵守生活格律。它能使自己堅強起來，使自己自由，不被物慾和一切誘惑所奴役。它是維護自己不致迷失的木栓。此外，一個人若不能為自己建立良好的工作習慣和健全的生活規律，就等於失去戒律。他在工作上就容易出錯，身體容易生病，情緒顯得不安，在思考和判斷上也變得不正確。

生活的戒律，能幫助我們自我控制，使自己真正成為生活的主人，而避免淪為境界或物慾的奴隸。就拿娛樂為例，每天下班回家，最普遍的消遣是看電視。當你在看電視時，究竟是自己在消遣電視，抑或被電視消遣呢？這要看你是否守戒律而定，守戒律的人有選擇，有分寸，他是主動的享受者。淨空法師曾說，懂得看電視的人，是真正快樂的，不懂得看電視的人，執迷於電視節目，反而被電視消遣了。一個有戒律的人，他永遠是一個主人，他是一個生活的主動者，而不是被動者。他時時刻刻保持高度自制和禪定，他不會被境界、色相或物慾拖著走。

布施是實現的空間

每個人都要懂得布施，因為它是生命實現的一部分。布施就是幫助別人、安慰別人、照顧別人、服務社會。布施，就對象而言是一種給予和犧牲，但就本人而言卻成為自我成長和實現的空間。人若擁有很多東西而不願意去布施，便體驗不出自我實現的喜悅。我們所以感到豐足有意義，是因為我們能有所貢獻。

每個人都應依照他的能力去布施，去為社會做些有用的好事。布施就在生活中表現，就在工作中表現，當我們辛勤的工作，把人待好，把事做好，把生活過得恬淡喜悅時，我們同時為自己和別人布施，布施使自己和別人在生活層面上得到圓滿交會的禪悅。

禪宗典籍中有一則故事說，從前有三個人，覺得自己生活不快樂，便一起去拜訪無德禪師，希望老禪師指點他們快樂之道。禪師見了他們，便反問：「你們要得到什麼才會使自己覺得快樂？」第一位說，如果我能享天倫之樂，有融洽的感情，就會覺得很快樂。第二位說，如果我有很多錢，富裕會使我快樂。第三位說，我希望有權勢，當了大官，別人看得起我，就會很快樂。禪師聽罷，便告訴他們說，難怪你們都不快樂。你們不停的向外追求，心裡頭就產生了匱乏。追求情，在心理上就有了缺乏溫情的感覺；追求財富，就產生財物不足的窮困；追求權勢，便引起對權力的渴求。

禪師接下去說，人若不懂得布施，便不會體驗到自己的富有。自己不懂得奉獻感情，天倫之樂也就培養不起來。自己如果不好好做一番事業，為社會服務，權勢又有什麼用呢？人如果不能奉獻，就會窮困得捉襟見肘。切記呀！只有布施才能讓你感到富裕和自我實現的快樂。

人之所以生活得有意義，有快樂，有豐足感，是因為他能布施，而不是處心積慮想要佔有。布施給自己一個實現的空間，因為他知道要努力工作，為社會服務，他知道要肩負一個幫助和安慰有情眾生的使命；在那努力的目標之中，他發現了生命實現的空間。

禪定是智慧的空間

內心平靜、安定的人，較能運用他的智慧，去解決生活的問題，因為禪定給智慧提供了孕育的空間。禪定是指自己不被外界色相所誘惑，不被自己的貪婪、嗔怒、愚癡、傲慢和疑心所牽動，維持醒覺的狀態，這時我們能張開法眼，看清一切，打開智慧之窗，綻放醒覺的光芒。

人必須有良好的禪定，在待人做事上才能把握分寸，處理得當，特別是在教育工作方面尤為重要。舉個例子說，我的學生之中，有些已在中學任教多年，有一次，我們討論教學突發事件，有一位老師提出一個問題說：如果你在上公民與道德課，跟學生談到道德的重要性時，有一位學生突然帶著反叛與不屑的態度，反駁老師說，「別騙人啦！道德有什麼用，道德值幾個錢！」這該怎麼處理？我很好奇的反問大家。有一位學生說，「學生不尊師重道，不守教室秩序，送他到訓導處去處理。」我說，「我的做法是不理會他，繼續講課。」這時，我給這個突發事件一個空間，讓學生冷靜下來。等到下課後，或者更適當的時間，用自然的方式把孩子叫到身邊來，你問他，「孩子！在上課的時候，講述的內容好像襲中你的情緒，你一時衝動頂撞，我可以原諒。但是，我很關心你是否有什麼事，需要我幫助？你願意跟老師說說嗎？」我知道大部分的學生，這個時候會很理性地說出原因。有時候，就在這樣一個突發事件中，老師了解了一個學生，救助了一個學生。

老師能冷靜下來就是禪定，能理智地關心孩子便是真慈悲。能保持禪定的老師，才不會被學生一時的頂撞所擊垮。能修行禪定的父母，自然不會被子女一時的冒犯所觸怒。人只要被冒犯觸怒，便失去了空間。

老師要像一位泰山崩於前而色不變的英雄。他永遠給學生空間，然後又仁慈地對學生說，「我很關心你，告訴我，也許我們可以設法解決。」在這種慈悲的空間下，經常會有學生撲到老師的懷裡，述說自己的委屈和不幸，說到心酸處，眼淚會奪眶而出，有時老師也會感動得落淚，真是「常使英雄淚滿襟」啊！

禪者認為待人處事，要保持不被境界所牽動的態度，要保持不被貪慾蠱惑的定心，要保持不被冒犯所激怒的平靜，這就叫禪定。宋朝學者蘇東坡，有一天在學禪上有所領悟，便寫了一首詩：

稽首天中天，
毫光照大千。
八風吹不動，
端坐紫金蓮。

寫畢，便差遣他的書僮送給金山寺佛印禪師。佛印看罷，便在上頭批了字，要書僮帶回去。蘇東坡收到回信，心想佛印一定會大大的讚美那是一首好詩，於是急急拆閱，沒想到佛印竟然批著「放屁」二字。他不禁動氣了，於是渡江來金山寺，要找佛印理論。據說佛印有神通，早就在江邊碼頭等他。兩人一見面，蘇東坡便責問佛印，而佛印卻輕描淡寫的說，「你不是已經八風吹不動，端坐紫金蓮了嗎？怎麼會被放屁二字吹過江來呢？」蘇東坡啞然無語。

單純是喜悅的空間

一個人若能以單純的態度待人處世，便能保持喜悅；而單純的心志，更是專注工作和獲得成功的條件。它能給自己一片生命實現的空間。單純的人不起疑，不與人計較，自然有單純的理念去工作、去生活。單純可以說是人類才智的一部分，有了它才會有成就、有快樂。

《莊子》應帝王篇裡，講了一則很能發人深省的故事，北海有一個帝王叫儵（音疏），南海有一個帝王叫忽，儵和忽交情很好，經常約定在中間一個帝王渾沌那兒見面。渾沌是很單純的，他們需要什麼，渾沌就給他們什麼，要做什麼都讓著他們。日子久了，儵和忽很感激渾沌，便商量要送個禮物給渾沌。但是渾沌什麼也不缺，因為他知足常樂。最後，他們發現渾沌缺少七竅，好讓他嚐用美味、分辨美色，於是合力為渾沌開竅，一天開鑿一竅，七天開成了兩眼、兩耳、兩個鼻孔和一個嘴巴，結果，渾沌竟然死了。

這是一則以象徵式語言表達的寓言，儵和忽代表著計較眼前的得失而忽略生命的圓滿，渾沌代表單純與寬容。渾沌被開了七竅之後，竟然死了，那是因為有了七竅之後，便開始有了分別心和計較，所以渾沌已經不再是渾沌了。就禪的觀點來看，「開竅」未必是什麼好話，更不是什麼好事。

單純不但是心理健康的條件，也是喜悅自在的根源。單純的人心理平靜，待人和氣，所以無往不利；單純的人性情純淨，所以能保持真正的睿智。

生命的實現

生命的實現與生活的開展，需要寬廣的心理生活空間，因此，「放下」和

「空」是每個人所必需的生活藝術和智慧。以上我們總說起來，寬容是性情的空間，從容是作息的空間，戒律是自我的空間，布施是實現的空間，禪定是智慧的空間，單純是喜悅的空間。有了這些空間，便能發現「真我」的妙用。這就好像真我原先被許多障礙所遮蔽，現在透過空與放下的修持功夫，真我就如如地呈現出來，如實地存在著，那就是見性，就是「現在如如實實的本來面目」。當我們放下一切障礙時，我們發現自己就是「新如來」。

這個新如來在現階段裡，仍然脫離不了生活，他還沒有真正的圓滿和寂滅一切色相，他必須迴向到生活層面，好好地生活。也就是說，當自己一旦從上述六種空的法門放下一切塵勞和障礙時，自己開始看清自己，了解自己，接納自己。他知道自己應如何如實的生活。

了解自己而又能接納自己的人，必然能依照自己的根性因緣過實現的生活。他的貪、嗔、癡、慢、疑五種損害心理健康和破壞生活智慧的毒素開始消失，他活得既自由又充實。他深深知道不追求自己能力所不及的目標，不定下不合理的抱負水準，因為那是破壞生活平衡的關鍵。

現代人有一種通病，普遍不了解自己，在還沒有衡量清楚自己的能力、興趣、體力、經驗和條件之前，便一頭栽進一個過高的目標——這個目標是比較得來的，而不是了解自己之後訂出來的，所以每天要受盡過勞和疲憊的折磨。

人如果生活在跟其他人比較之中，期待他人的掌聲和讚美，博取別人的羨慕，那就不是為自己而活。他慢慢地迷失了自己，否定了自己。成天乞討別人掌聲的人，必然是赤貧的、空虛的。於是，生活變成一種負擔，而不是實現與享受；是一種無奈的苦悶，而非喜悅和充實。所以，人貴在了解自己，接納自己，依照自己的根性因緣去生活，那才有真正的喜悅。

人彼此都不相同，有的人聰明，有的人平庸；有的人強壯，有的人羸弱；每個人的性向、能力、經驗都不相同。禪家稱這些既存的事實叫業力，心理學上稱為潛能。每一個人都應該依照自己的潛能去實現，去發展，那才有真正的快樂。每個人生命實現的目標不同，但是實現的喜悅卻相同，都在綻放著生命微笑的香氣。

接納自己是很重要的。我們的一生好像玩橋牌時手上所握的一副牌，這就像美國總統艾森豪所講的故事一樣。他說，他小的時候，有一天跟母親和兄弟姊妹一起玩牌，他的手氣不好，每一次抓到的牌總是很差，於是不停的抱怨。這時，他的母親很嚴肅地對他說：「你要懂得玩牌的意義。玩牌是要把你手中所握有的那副牌，不管是好是壞，要把它打到淋漓盡致。人生也是一樣，不如意的事情十之八、九，你要把自己所能掌握的環境和條件，發揮到最高效用，不能逃避，也不可能重新換一個情境。」後來，第二次世界大戰期間，他擔任統帥與納粹作戰。作戰到最艱苦的時候，他總是想起他母親的庭訓，把手中能掌握的一切條件，做充分的發揮，那是他之所以能轉敗為勝的原因。

禪家告訴我們，每一個人都要依自己的根性因緣得度，公務員在克盡職責為國家社會服務中實現，商人企業家在創造財富中實現，工人在提高工作品質中實現。各行各業，都是在實現自己的業力。人能夠接納自己而實現自己，那就是妙有。實現的結果，使自己真正感到喜悅，因為那已從自己的業力中解脫出來，而生命的實現本身即是妙有。

唐朝的洞山（曹洞宗的開山祖師）在雲巖禪師那兒悟道之後，便向老師辭行，要到各處參學。雲巖為洞山送行，到要分手的時候，洞山便問：「將來如果有人問起你的禪風，我要怎麼說？」雲巖只對他說：「就是這個。」洞山沉思了一下，不解其中意思，正當要問個明白時，雲巖回頭便走了。於是，洞山一路走，一路想著「這個」。有一天，洞山乘渡船過河，看到河面上映現著自己的倒影，就好像超越出來看到自己一樣，他恍然大悟「這個」的要義，於是寫下有名的洞山偈說：

切忌從他覓，迢迢與我疏，
我今獨自往，處處得逢渠，
渠今正是我，我今不是渠，
應須這麼會，方得契如如。

這首偈子的意思是說，千萬不要追求虛榮，追逐名利權勢，這樣會背離自己越來越遠。人必須發現自己，而不要追逐那虛幻的我相（自我的倒影），只有從虛幻的倒影中覺醒過來，才能看到如如的自己。

祖師禪和如來禪

禪者認為，人必須經過淨化，把虛榮心、過多的慾望、成見、偏見等等放下來，這樣才可能自由地過實現的生活。這個由空而走向醒覺的自我之路，就是「大死一番，再活現成」，就是禪者所謂真空妙有了。

溈仰宗的開山祖師仰山禪師，有一天問他的學弟香嚴：「你學禪這麼久，到底有什麼心得呢？」香嚴便告訴他說：

去年貧未是貧，
今年貧始是貧，
去年貧猶有卓錐之地，
今年貧錐也無。

於是仰山告訴香嚴說：「師弟呀！你只懂得如來禪，卻不懂得祖師禪。」

於是香嚴又說：

我有一機，
瞬目視伊，
若人不會，
別喚沙彌。

仰山聽罷，很高興地告訴他們的老師溈山說：「真高興呀！師弟也懂得祖師禪了。」如來禪講的是空（貧），是要放下一切虛幻和對色相的執著。祖師禪講妙有，要如實地實現，看到真正的自己（伊）。那真正自己的實現，就像一朵花一樣，無比的自在和喜悅。當我們如如地接納自己，而投注於喜悅自在的生活時，我們發現周遭的一切有情眾生，和自己是平等而同在的，一切眾生都在露出實現的微笑。

貳

自己即是如來

只為分明極，
翻令所得遲，
早知燈是火，
飯熟已多時。

——宋・無門和尚

家傳承的大事就是自我的醒覺，「一念覺，眾生是佛。」覺，表示能清楚地看清自己，接納自己，篤篤當當的去過自己的人生。醒覺是參悟出來的，它是從日常生活中，發現到自己原來就是生活的主人。自己所表現的一切，就是那麼獨一無二，值得珍惜。

人只有在生活的時空之中，當下接納自己，把生活本身當做目的，不要為了追求物慾而把生活變成手段。這樣才會發現生活的妙悅，才能看出自己是獨一無二的圓滿。你的喜悅，必須用你自己的心去體現，而不是用別人的讚譽來編織。掌聲的背後，往往就站立著一個寂寞孤獨的自己。

禪者告訴我們，只要真心用餐，粗食淡飯卻也美味無窮。只要你真心去聽去看，隨處都可以耳聞之而成聲，目遇之而成色，整個生活的自然環境，都充滿著愉悅之美。只要你靜下來觀察，事事物物都對自己有啟發作用，而心智的成長和生活智慧也是現成的。

人最忌諱跟別人比較，因為比較容易起分別心。分別心使人產生貪、嗔、癡三毒，引導一個人不斷追求，而否定了自己如來的生活。每一個人的人生，畢竟是他自己的花朵。無論自己是什麼花，只有他自己才能綻放出純真的芳香。

本章旨在闡述一個禪的重要智慧：你自己就是一顆明珠，自己即是如來，要接納自己，歡喜自己，肯定自己，那才有圓滿的人生。

心中的明珠

禪的宗旨在於開啟一個人內在純淨的真我，孕育活潑自在的精神生活。因此，禪的本質不是要人守空修定，而是要淨心發慧，去過創造性的生活。它超越為來生做準備的狹隘宗教理念，回歸到現在的生活，而體驗到當下與佛土並無差別。為了悟見純淨的自我，禪家特別重視「即心即佛」。其所謂的心，就是如如實實地接納真實的自己。

人的一切徬徨與痛苦是由於不接納自己，一切空虛和不安也都是由於違背自己的本質所致。當一個人不能肯定自己，而必須仗著權勢、虛榮、佔有來肯定自己時，他就顯得非常脆弱，容易被物慾所迷，被挫折所激怒，被色相所矇蔽。唐朝牛頭山法融禪師說：

一心有滯，諸法不通。

◆

樂道怡然，優游真實。

在禪者的法眼裡，人類只有肯定自己，才可能擺脫一切誘惑，依照自己的根性因緣去生活，去工作，去布施，去幫助別人，才會孕育出喜悅與活力，過成功而有意義的生活。人要懂得自尊和自愛，喜歡自己，喜歡自己的潛能，好好伸展自己的能力，布施給社會，自己得到福報和愉悅，同時也實踐了無量功德，這就是所謂的「實現的生活」。

唐朝有一位大珠慧海，為了問道，特地從越州大雲寺，來到江西開元寺，拜見當時的禪宗大師馬祖。見面時，馬祖問道：

「你來做什麼？」

大珠回答說：

「我來求佛法。」

馬祖說：

「我這裡沒有佛法可求。你自己有寶藏不顧，離家亂走做什麼？」

大珠便問：

「什麼是我自己的寶藏呢？」

馬祖說：

「現在問我的就是你自己的寶藏，它一切具足，沒有欠缺，運用起來非常自在，何必要向外追求。」

大珠慧海在聽完馬祖這段開示之後，便悟道了。後來寫了《頓悟入道要門》一卷，發揮了圓頓的禪理。馬祖讚美他說：「大珠圓明。」這段公案所揭示的就是接納自己，發現真我，不去跟別人比較和羨慕虛榮，而要篤篤當當地去實現自己的生活。這樣一來自然心裡平靜，容易發揮自己的能力，服務娑婆世間，那就是「大珠圓明」的現代意義了。

人如果一味跟別人比較，就會否定自己。否定自己的人，就要東施效顰、焦慮不安，不能承擔生活上的種種挑戰。他活不出意義來，即使生活在富裕的環境中，也快樂不起來。所以馬祖要對大珠說，你自己的寶藏一切具足，沒有欠缺，運用起來非常自在。

現代人是愛慕虛榮的，大家生活在強烈競爭和貪圖佔有上，所以在外表上是富有的，心靈深處是蒼白的；物質生活看似安穩，而精神生活顯得非常不安。我們的社會正處於上下交爭利的窘困局面，大部分的人為了貪圖功利過度的工作，昧於伸展自己的本真，而勉強追逐時髦，精神上的壓抑使他快樂不起來，除了借助於狂歡、逃避與麻醉外，又能如何？

看看我們的社會，犯罪率不斷提高，離婚率節節上升，自殺率邁入十大死亡原因的第九位（台北市為第八位）。國內心理學家對大學學生做抽樣調查，赫然發現有百分之四十的學生有憂鬱或心理不健康的傾向。再看看政治上的訴求與抗爭，勞資間的糾紛對立，凡此足以說明，每一位國民正需要一顆「大珠圓明」，否則我們就不可能締造一個真正自由開放的社會。

有識者也許會想到教育的力量，透過教育來喚醒一個人的真我，使每一個人能了解自己，接納自己，過實現的生活；也能了解別人，接納別人，尊重別人。但是我們的教育似乎又疏於這方面的教導，我們只是一味地升學，一味地往功利的幻影中去鑽，於是造就了迷失的一代。

有一則寓言故事，很能發人深省當前教育的缺陷。這故事是說，有一天，許多動物聚集在一起開會，討論學校的課程。兔子說跑重要，一定要列入課程；鳥兒說飛翔重要，一定要列入課程；老鼠說挖洞重要，也一定要列入課程。最後，他們把各種重要的技能都列入課程，強制他們的孩子學習。結果鳥兒的飛翔課本來應該考甲等的，後來，為了學習用翅膀挖洞，把翅膀給弄壞了，牠既沒有學會挖洞，連飛翔也考個丙等。兔子為了學飛翔，從樹上跌落而骨折，牠不但飛不成，連牠最專長的賽跑也出了問題。教育的結果，沒有一個孩子根據自性去發展成長，反而各個受到創傷，垂頭喪氣。

現代的教育，一味強調功利及升學競爭，每個孩子的真我都被忽略了。結果，所造就出來的人，都不能滿意自己，而又不懂得尊重別人。每一個人似乎都要在同一個價值觀念下相互比較競爭，而致忽略開拓內在的精神生活。於是，我們的社會普遍瀰漫著人云亦云的習氣，因為我們缺乏獨立自由的判斷。到處看到一窩蜂的追逐熱潮，因為每一個人缺乏充分屬於自己的價值取向。社會上呈現優柔寡斷的性格，因為我們未曾學習過為自己的生活做負責任的抉擇。

於是，我們需要禪的精神生活，需要禪的淨化，還我明珠使自己「大珠圓明」。

畢竟是自己

如果想排解憤世嫉俗的習氣，讓自己生活得心平氣和，就得先接納自己。接納自己不是劃地自限，而是認清自己，接納自己的因緣，從自己的本質出發，去過實現的生活。每個人都有其優點和缺點，有其特有的能力、經驗和機會，是獨一無二的，只有能接納自己，生活才可能變得朝氣蓬勃，充滿喜悅。否則，就等於否定自己，迷失自己，在生活上感到空虛、寂寞和無奈。

生活是絕對主觀的，它是自己本質的全部投射，如果我們不能接納它，便看不出生活的可貴處。每一個人無時無刻不是在扮演一個獨特的角色，無論當時你喜不喜歡、高不高興，你終究是在生活。既然如此，為什麼不欣然接納它？

許多人愛挑剔自己，拒絕接受現實的遭遇，一心想要逃避它。所以滿腹牢騷，激動的時候，更會做出錯誤的決定，鋌而走險。

禪者的生活態度不是逃避，而是接納。無論順逆、苦樂或得失，統統予以接納。只有接納才有喜悅，唯有接納，才知道痛下針砭。禪的本質是不造作，不迴避，不向外馳求，不守空修定，而是如如實實地去接納生活，實現生活。

你可能為趕不上車子而抱怨，但為什麼不為搭上次一班車而慶幸呢？你埋怨為上班打卡而趕路，為什麼不為自己擁有一雙健朗的雙腿而慶幸呢？你每天急急忙忙的上班，為什麼不提早幾分鐘而享受從容的氣氛呢？人唯有投注於生活，實際體驗到生活的本身，才感受到自己就是整個大自然節奏的一部分。只要沒有虛妄和造作，所有陳現出來的就是本來面目，自己就是活在如來裡頭。

禪宗有一則公案說，有一天達摩把學生們叫來，要他們說說自己的心得，好把衣缽傳給真正悟道的人。

道副說：

「依我看來，道的大用不在於執著文字或離言絕說。」

達摩回答說：

「你得到我的皮。」

尼總持說：

「依我的見解，好像慶喜見到阿閦佛國，一見更不再見。」

達摩回答說：

「你得到我的肉。」

道育說：

「地、水、火、風四大萬物的要素，色、受、想、行、識五種知覺與色相之互動，只不過因緣的假合，沒有什麼真實和永恆，我認為無一法可得。」

達摩回答說：

「你得到我的骨。」

最後輪到慧可，他走出來，向老師行個禮之後，就站在當弟子應該站的位子，一語未發。這時，達摩說：

「你得到我的髓。」

於是，達摩把禪宗的衣缽傳給了他。達摩所以肯定慧可，把禪宗的信物交給他，是因為慧可已經把道從思惟的「理無礙」中，實現到生活的「事無礙」

裡頭。他完全接納自己，實現自己，成為如來的實踐者。當下，他是學生，所以向老師行禮，一切都能如法的生活，「從心所欲，不踰矩」。慧可是生活的實現者，而不是言談的揣測者。

人唯有接納自己，生活才不會疏離，感情和理智才不矛盾，才不會造成煩惱。在《莊子．大宗師》裡有一段動人的故事。子祀和子輿是好朋友，有一天，子輿害病，子祀就去探望他。見面時，子輿竟對著子祀調侃自己說：

「偉大的造物者啊！竟把我變成駝背模樣！背上生了五個瘡口，面頰因傴僂而低伏到肚臍，兩肩隆起，高過頭頂，脖頸骨則朝天突起。」

他感染了陰陽不調的邪氣，才變成這副模樣。但是他還是悠閒地一步一步走到井邊，從井裡照見了自己的樣子，更戲謔地說：

「哎喲！造物者又要把我變成這滑稽的模樣呢！」

子祀問他：

「你是不是討厭這種病？」

子輿說：

「不，我為什麼要討厭它呢？假使我的左臂變成一隻雞，便用它在夜裡報曉；假使我的右臂變成彈弓，便用它去打斑鳩來烤了吃；假使我的尾椎骨變成車輪，我的精神變成了馬，我便可以乘著它遨遊，無需另備馬車了。再說吧！得是時機，失是順應，安於時機而順應變化，哀樂自然不侵入心中來。這就是自古以來所謂的『解脫』（懸解）。那些不能自我解脫的人，就要被外物奴役束縛了。物不能勝天，這是不易的理則，當我改變不了它的時候，我又為什麼要討厭它呢？」

莊子講的這則故事，真正道盡了生活的智慧，也觸及禪的核心。人必須先接納自己，依照自己的本質好好地生活，那就是禪家所謂的「一切現成」。禪宗第三祖僧璨在《信心銘》中說：

至道無難，唯嫌揀擇，
但莫憎愛，洞然明白。

◆

放之自然，體無去住，
任性合道，逍遙絕惱。

禪者給予我們最大的生活啟示就是接納與實現。你之所以是你，正因為有你的因緣和本質，好好接納它、實現它，成功的生活和人生的光明面不就展現在眼前了嗎？

人生最忌諱拿自己跟別人比較，嫉羨別人，一味跟著別人而隨波逐流。禪家說「違順相爭，是為心病」，只有依照自己所有的本質，好好地生活，去成就自己獨一無二的生命意義，才是「如來」的生活，才是有朝氣的生活。

日日是好日

我們平常生活的種種際遇，無論是家庭的，工作的，乃至觸目遇緣所看到的、聽到的或聞到的，都具有深妙的意義，均能啟迪心智，陶冶心性，引發我們悟入甚深了義的精神生活。禪者把這些觸目遇緣的際遇稱做無情，而生活便是用「正法眼藏」去聆聽它的說法，看出它的光明面和豐富的意義。

禪者認為，人若想生活得成功，必須在日常生活中，看出無情所洩露的啟發性。這樣才可能勘破一切煩惱隱晦，掌握光明的人生，在種種經歷之中學到教訓，孕育剔透明睿的智慧。更具體的說，人必須在挫折與失敗中學會成功的訣竅；在得意和成功中學會謙虛；在順逆際遇中認識生活的無常；在耳聽目遇的色相中發現理則。只有真正懂得無情說法的人，他才可能是一位有創造力、有智慧的覺者。宋朝蘇東坡居士說：

溪聲盡是廣長舌，
山色無非清淨身，
夜來八萬四千偈，
他日如何舉似人？

這首詩無非在告訴我們，生活上的事事物物，隨時隨地都在呈現「廣長舌相」，處處蘊涵著甚深的真理。溪聲或山色給我們空的旋律，表露了自然與圓滿；日常的俗務給予我們精神生活的素材，它形成了生命的智慧。一本經典，及至一個生活的插曲，只要你用正眼觀看，都能發現它所流洩的高妙訊息，隨時給予我們生動的啟發。而在感動省悟之中，總給自己留下雀躍的歡喜。我們正啜飲著無情所流泌出來的乳汁，使心智不斷地成長，醒悟到不可思議的法界。

唐朝洞山良价禪師為了問法，特地參訪了當時的大師雲巖曇成，一見面便問：

「無情說法能聽得到嗎？」

雲巖答道：

「無情說法當然能聽得到。」

洞山又問：

「老師，你聽得到無情說法嗎？」

雲巖說：

「假如我聽得到，我便成為法身，那麼你就聽不到我說法了。」（按：所謂法身是指精神生活的本體，它不是語言所能敘述，現象界所能比喻，它是菩提自性。這個部分是千百億化身及一切現象的根頭，唯有透過內證與反省才能「看」到它。雲巖所以這麼說，是要引導洞山去看和聽「那個正在說話的自己」。）

洞山還是不解的問：

「那我為什麼聽不到呢？」

這時雲巖便舉起一隻拂塵，問洞山說：

「你聽到了沒有？」

洞山說聽不到，於是雲巖說：

「我說法，你尚且聽不到，更何況無情說法呢？」

的確不錯，經過老師刻意指點的道理，尚且不容易明白，又何況直接去了解無情說法呢？這時，洞山還是不明白無情說法是什麼，於是又問：「無情說法出自何典？」雲巖告訴他說：

「《阿彌陀經》上不是明明白白地說：『水鳥樹林，悉皆念佛念法』嗎？」

這時洞山恍然大悟，原來無情說法就在日常生活之中，以沒有成見、沒有偏執的謙沖之情，去聆聽一切事相。就在那聆聽之中，我們孕育了智慧，我們也流露著慈、悲、喜、捨四無量心，那就是大乘佛法的精妙之處。這時，自己就是如來的覺者了。洞山於是寫了一首偈子說：

也大奇！也大奇！
無情說法不思議，
若將耳聽終難會，
眼處聞聲方得知。

洞山所說的「眼處聞聲」，就是不要讓自己的眼睛被視覺的成見所障礙。當然耳朵的聽力，也不能被它的刻板模式所束縛。要全部的躍入，才能體會到整個生命的豐富意義。這種通全完整的把握，頗有完形心理學所說整體認知的意味。

這時，洞山有所領悟了。雲巖問他：「現在你覺得如何？是不是很高興？」洞山回稟老師說：「那豈止是高興，簡直就像在垃圾堆中發現了珍寶一樣。」對了，當我們明白到這一點，便不難相信禪者對生活的讚嘆：

一花一世界，
一葉一菩提，

日日是好日，
夜夜是春宵。

因為隨時隨地都能體會到無情的甚深了義，事事物物對自己都有著無盡的啟發。日常生活中，我們接觸的、聽到的、因應的，都是無情。它們都在為我們說法，科學家聆聽其說法而發現了新知，哲學家聆聽其說法而領會到高深的哲理，一個平常的人聆聽其說法，可以受用無窮。但是，只要心中存有一點成見，便聽不到無情說法。

在《呂氏春秋》這本古書中，記載著一則有趣的故事。高陽應先生要蓋房子，準備了許多建材，並找來工匠。工匠看過材料之後說：

「現在還不可以蓋房子。因為木料是溼的，蓋上去敷上一層泥，一定會彎曲。而且溼木頭蓋房子，現在看起來雖好，但過一段時間就會倒塌。」

高陽應自負地對工匠說：

「照你的說法，那房子不應該會倒塌。因為木料乾了之後愈結實，泥土乾了愈輕；拿愈來愈結實的木料去承擔愈來愈輕的泥，房子一定不會倒塌。」

於是高陽應頤指氣使地下令工匠蓋房子。果然，房子蓋好不久便倒塌了。

在日常生活中，我們要懂得聆聽無情不可思議的說法，這是增長智慧和勘破煩惱的微妙法門。比如說，你到公園或郊外散步，只要靜下心來，讓自己與周遭融合共鳴，花鳥樹木便會令你神往忘我。工作之中，若能打起精神全神專注，便會體會到個中的禪趣。只要你稍加留意，聆聽無情給我們的啟示，生活上的點點滴滴，都可以「耳聞之而成聲，目遇之而成色」，自然而然有著取之不盡、用之不竭的不可思議妙用。

接納與珍惜

在生活之中，觸目遇緣，所到之處，都可以透過開放的心靈，而體驗到事物的完美。發現自己與一切有情眾生都是生命的花朵，都是值得讚賞的。從而內心泛起了無緣大慈、同體大悲的情懷。對自己的生命，乃至對一切有情眾生，均報以會心的微笑，衷心的讚嘆它的存在。當我們接納它時，就會欣賞它；珍惜它時，就會愛喜它。要以雀躍的心情面對自己的生活。

我們之所以歡喜是因為現在活著，而不是擁有許多財富和頭銜；這正像喜歡一朵花，而不是喜歡繫在花上的彩帶。

佛陀告訴他的弟子，在大地上長了各色各樣的花。它們的類別不同，香氣互異，清馨的蓮花一定不會把自己變為雍容富貴的牡丹；山坡上的小野花也絕不羨慕院子裡艷冶的玫瑰。同樣的，每一個人都是獨特的，唯一的，尊貴的。經驗、環境和遺傳造就了自己，無論它是什麼，都得接納它，喜歡它，因為那畢竟是你自己。人只有根據自己的根性因緣，去過實現的生活，才有真正的喜悅，才能綻放著高貴的生命花朵，流露出芳香和微笑。

人是不能互相比較的，只要一墮入比較，就會否定自己，妒羨別人，墜入迷失。然而，今天人類卻普遍走向比較與炫耀的歧路：大部分的人不是在肯定自己，把生活孕育出意義豐富的花朵，而是拿自己跟別人比較，恨不得把自己變成跟別人一樣。於是人類生活在誇耀、自大和爭取別人的掌聲之中，他們一味往外尋找生活的答案，而內心卻顯得空虛和蒼白。教育家利奧·巴士卡力（Leo Buscaglia）講了一個故事說，有一位叫莫拉的人，在大街上找東西，他的朋友看到了，問他：

「莫拉，你在找什麼？」

「找鑰匙。」他說。

「我來幫你找！」朋友說著，也蹲在地上到處找。

「莫拉！你記得鑰匙掉在哪個角落嗎？」

「我在屋子裡掉的。」他說。

「那你在大街上找什麼？」朋友責怪他。

「因為街上比較亮啊！」

這真是一個美麗的寓言。現代人已遺失了「自我之鑰」，但卻不回到自己的生活園地中尋找，而汲汲於燈紅酒綠和紙醉金迷中尋找。

我們有了寶貴的生命是為了生活，如今卻因為處心積慮想佔有，而完全遺忘了生活的本身。賺錢是為了生活，如今卻為了賺錢而否定或犧牲生活。這是在否定那寶貴的生命之蓮華。人類佔有之心愈重，慾望愈高，心裡頭愈覺得匱乏，終至造成精神生活的饑餓、苦悶狀態，甚至瘋狂。

每一個人畢竟是他自己的花朵，嫉妒和羨慕別人是愚昧的，雖然你也許有一點缺陷，但是你卻有足夠的潛能去生活得好。你不一定成為一棵大松樹，但你至少可以成為一棵好的小灌木。你不一定是江海中的大魚，但一定可以當一條活潑喜悅的小魚。你不一定是莊子所說的大鵬，但一定可以是快樂的一隻鳥。

在禪者的眼裡，生命就像花朵，每一朵花都是美的，所以大松樹和小灌木沒有不同，因為他們都在實現生命；大魚和小魚也沒有什麼不同，因為實現的喜悅是沒有不同的呀！大鵬和小鳥也沒有差別，因為他們都在飛翔裡讚美著生命的高貴。

參

純真便是自在

樸落非他物，
縱橫不是塵，
山河及大地，
全露法王身。

——宋・洪壽禪師

禪的宗旨就是見性。見性不是看到什麼自性，而是自然地流露出生活的種種妙悅自在。如果把見性當做看到自己有什麼，那是錯誤的。把自己視為一個被發現的對象，並非真正的見性。見性是很自然地呈現了自己，流露出自己的純真。

禪所謂的圓融即是純真。人不在於使自己成為特別的樣子，更不在為自己塑造一個典型。圓融表示自己確能無所障礙，無須依賴，無所執著的自在和安祥。唐朝道吾禪師說：

樂道山僧縱性多，
天迴地轉任從他，
閒臥孤峰無伴侶，
獨唱無生一曲歌。

這裡所謂的縱性不是放縱，而單純地依照自己的根性因緣，別無追逐，沒有執著，無礙地和光接物，那是經過一番淨化之後，存留的純真。只有依照純真的自己，任運放曠地生活，像「孤峰無伴」一樣，沒有比較，沒有模仿，沒有競爭，沒有成見和對立，這樣才把無明和塵勞洗去，才把成見和怨懟調伏。這時才能唱出「無生」（沒有追逐和貪求）的生命之歌。這首生命之歌就是真空妙有譜出來的。

真空妙有

禪家對生命的態度，常以「萬古長空，一朝風月」的禪詩來比喻。它道盡了生命的現象：真空妙有。因為人生不過幾十年歲月，再長壽也只能活一百來歲。人畢竟是要死的，所有的努力和執取，乃至軀體色身，都要隨著死亡而消失。所以佛陀說，人生是「無常」的，生老病死是「苦」的，一切現象都要隱沒於「空」，連經由生活經驗所形成的自我意識，到最後也不存在，所以稱為「無我」。但是，佛陀又告訴我們，這有血有肉的人身，卻是難得的。人正好可以藉著它的存在，活出光明的本性，活得清心自在，活得圓滿有意義，從而證入精神法界。宋朝善能禪師說：

不可以一朝風月，昧卻萬古長空；
不可以萬古長空，不明一朝風月。

善能的意思是說，你不可以把有限的生命當做永恆，而在得失名利上看不開；不可以在貪、嗔、癡上鑽不出來，而生活在狹隘的意識裡；不可以在精神生活上執著，陷入無盡的苦悶中掙扎。相反的，你也不能因為一切本空，而不明白活潑有朝氣的生命本質。要好好地生活，在恬淡中發現富足，在單純中發現喜悅，在精進中看到光明，在慈悲中悟入圓融無礙。

人要想生活得好，就得從真空妙有出發。要根據自己的因緣去生活，去接納，去欣賞，去體味自己跟前的「一朝風月」。唐朝的雪峰，有一天看到了一根樹枝，覺得它很美，就撿回去，送給他的老師大安禪師，上面寫著：

本自天然，不假雕琢。

大安禪師收到了這件禮物，便一邊欣賞，一邊讚美他的學生說：

本色住山人，且無刀斧痕。

生活在真空妙有的人是不造作、不貪婪、不虛偽的。這就是佛法裡「空」的修行宗旨。

在日常生活，我們若能把握萬古長空，就不會有成見，就有好的度量，好的人緣，好的思考，好的態度，所有的八正道（正見、正語、正思、正業、正命、正精進、正念、正定）就這樣自然的流露出來，無需勉強修治。

人與人的相處，有了空間，彼此就沒有計較，沒有對立，友誼自然流露出來。這就像花朵在你的苗圃中自然綻放著清香一樣。家庭裡的每一個成員，能夠相互尊重，保持寬容和尊敬，彼此之間就會減少摩擦，這就是空間。有了空間，家庭就會和睦，處處顯得溫暖和快樂，這就是真空妙有。家庭生活需要空間，社會活動需要空間，政治運作也需要空間。空是人類生活的瑰寶，有了它便能孕育一切。老子說：

天下萬物生於有，有生於無。

佛教經典更隨處流瀉著「空」的智慧，並且肯定空性即是實性，空性即是慧性。因為空孕育了萬物。

任何一個衝突，一次車禍，一起戰事，一場災難，都是因為失去空間而造成的。因此，在禪者的眼裡，寬容是性情的空間，所以有容乃大；從容是作息的空間，所以要稍安勿躁；戒律是自我的空間，所以要遵守戒律才不役於物；布施是實現的空間，所以有布施才有歡喜；禪定是智慧的空間，所以要定慧等持。

讀書太用功了，必然失去原創性的智慧，因為失去了智慧的空間。愛情太執太深了，必然要產生煩惱和痛苦，因為彼此沒有空間可以迴旋。工作太忙碌了，就失去生活上種種情趣，因為沒有空閒讓自己恬適下來欣賞。個性太急躁了，就會剛愎自用而壞了大事，因為喪失了洞察事理的空間。慾望太多了，自己就會陷在貧窮的意識裡，因為失去了知足的空間。

禪家常說「水清月自現」，只有水清淨了，高空的月才明朗。要想生活得愜意閒適，看出生活的豐富意義，就得破除一切執著塵勞，不與別人競相比較，那才是真空妙有的生活。禪師們常說：

無形無相大毗盧，
塵勞滅盡真如在。

唯有放下一切貪執、不安、防衛機制，我們才能看到光明的毗盧遮那如來，呈現光明自在的人生。也唯有把一切塵勞、爭奪、高傲和自負放下，我們才活在真實的如來之中。

清純的性情

人只有在醒覺的時候才有良好的性情。性情是精神生活的體質；清妙、恬淡、無私的性情表現了一個人的氣質，同時也投射出慈、悲、喜、捨的無量光輝。有的人性情剛烈，令人望而生畏，避之猶恐不及。有的人性情怯弱，處處顯得迴避而缺乏信心。更有多愁善感的人，終日像杞人憂天一樣的煩惱著。但是，我們也可看到一種溫柔純穩的性情，他們時時流露著智慧和光芒，在他們的言行舉止中，你可以感受到溫暖、寬容和喜悅。他們的親切鼓舞了你，他們的寬容啟發了你，他們的恬適令你自在。

每一個人都具有獨特的性情。性情如果是執著的，就會產生暴烈或憂鬱，消極或退卻，於是，性情成為煩惱的來源。反之，經過醒覺洗濯過的性情，便具有愉悅清妙的品質，它產生精神生活的神韻和力量。

父母親對子女的愛護乃人之常情，但是大部分的父母都因為愛得深，愛得執迷，所以會強烈地指責過錯，賞罰失據；或者溺愛太深，以致造成錯誤的教育，甚而影響親子之間的情感。

沒有經過醒覺澄清的愛，會化為洶湧的激情，它具有傷害性。男女之間的戀愛，夫妻之間的情愛，朋友之間的友愛，都會被一時的激情所迷，為突然的衝動所亂，或被強烈的氣憤所扭曲。於是性情的調養，成為一個人是否沉穩樂觀、愉悅而有回應力的主要關鍵。

禪者認為好的性情是從布施中培養出來的，因為布施能消除性情的障礙，開闊性情的柔美和視野。佛經上記載，佛陀眾弟子之中，解義能力最好的阿難，有一天在一個貧民地區乞食。一位施主對他說：

「我貧窮，不能布施。」

阿難說：

「布施可以使你富有。」

施主說：

「我貧窮到三餐不繼，怎麼能布施呢？」

阿難說：

「那你就把貧窮拿來布施。」

布施使人感到富足和實現的心理回饋，這是心理學家能肯定的。但是怎麼把貧窮拿來布施呢？這是說，如果你奉行布施波羅蜜，你的貧窮之心將隨著布施而消失。

就性情的孕育而言，光是布施還是不夠。因為性情的流瀉，需要有個悠然開闊的空間。**首先，寬容是性情的空間**。人如能寬容別人，就能維持好的人際關係和情感交流。父母懂得寬容孩子一時犯錯，就能冷靜坐下來，陪著孩子檢討錯誤，改正疏忽。從而養成避免錯誤、勇於改正的態度，而親子之間也就更富情感。寬容可以把性情昇華為有能力的愛和慈悲心，同時也創造了心智成長和喜悅的氣氛。寬容在生活上所導致的影響，正如六祖慧能所說：

讓則尊卑和睦，
忍則眾惡無喧。

當我們能忍讓寬容時，處處顯得和睦，遇事反而容易溝通。當我們能忍一時之憤，事後再做處置時，所有的惡業也就無從發生。

其次，慈悲也是性情的空間。我們甚至可以說，慈悲本身就是一種高貴的性情。一念慈悲，能與一切有情眾生比朋而遊，而發現參贊之美，陶冶清妙之性情。寒山子詩云：

蜂蝶自云樂，
禽魚更可憐，
朋遊情未已，
徹夜不能眠。

那是多麼令人悅樂自在呀！

禪者在行住坐臥中，無時不表露著他們的慈悲。對弟子的教導，更以慈悲為宗旨。有一位弟子，在歸宗禪師門下參學多年，他徵得老師的同意，要出去行腳參學。歸宗禪師告訴他說，你去準備衣物，回頭再來這裡，我要告訴你禪的旨意和心傳。過一會兒，學生回來向禪師辭行，並請問禪的精要。歸宗禪師告訴他說：「天氣嚴寒，途中善自珍重。」

這句話是實際的關懷，真正流露著老師的慈悲。它可以使失落的人重拾歡樂，使空虛的人充實，使絕望的人再度看到希望。慈悲的感人真的可以「舞幽壑之潛蛟，泣孤舟之嫠婦」。

其三，欣賞與無嗔也是性情的空間。我們能欣賞別人的優點就能表現得悅樂謙沖；能尊重別人的意見，就有和睦相處的情誼。欣賞一個人的優點，等於肯定一個人的生命；蔑視一個人的優點，就等於否定了他的存在。教育的失敗是由於師長疏於肯定孩子的優點，成天在他失敗的地方挑剔。人情上的破壞，是由於彼此揭發醜陋的隱私，而不去欣賞別人的成就。所有的固執、偏見、紛爭和嗔怒，都源自不懂得欣賞別人和接納別人。

唐朝天台山上有一位禪者叫拾得。聽說他是豐干禪師撿回來的，所以大家都叫他拾得。他也樂得接納別人叫他這個現成的名字，平常做些不起眼的灑掃打雜工作，別人並不看重他。但是他卻是一個腳踏實地的禪者。有一天，四眾來天台山念戒。拾得真情流露地對著大眾說：「你們聚集在一起念戒做什麼呢？」當時，維那厲色地叱責他胡鬧。拾得便對他說：

大德且住！
無嗔即是戒，
心淨即出家，
我性與你合，
一切法無差。

拾得所說的「無嗔」，即是放下自以為是的習氣之後，所產生的謙和與平靜。人只有在謙和閒適時，才可能在觸目遇緣中欣賞人、事、景、物，才可能體悟到別人與我之間，本來是融合無礙的。所以無嗔就是一種生活的格律（戒律），透過無嗔我們才看到一切平等圓融之美。

透過欣賞，我們才得悉「日日是好日，夜夜是春宵」的奧妙，品觸到「薰風自南來，殿閣生微涼」的悠閒。透過無嗔，我們才有「但莫憎愛，洞然明白」的禪趣。

寬容、慈悲、欣賞和無嗔，是打開心理生活空間的法門。它們能孕育性情的醒覺，讓我們真正生活在「晴空不礙白雲飛，竹密不障活水流」。這就是真空妙有的性情，也是禪者悅樂情懷之所寄。

圓融的人際

人必然生活在群體的活動之中，即使遁世隱居，或在深山野外苦行，仍離不開過去人際關係對他的影響。誰都不能離脫人群，如果脫離人群，就失去了人的本質。二十世紀初年，法國在阿爾卑斯山上，發現了一位被狼養大的狼人。他除了具有人的外形以外，沒有人類的情感、精神生活和語言。

因此，人性是在人際間交互作用的結果，思想和語言也是互動的產物。至於文明的誕生和精神生活的現象，更是人際活動孕育出來的。甚至連我相、自我觀念、價值體系，都是透過人際活動才發生的。所以這些現象都是生滅法，都是無常的，故經上說：

一切有為法，
如幻夢泡影，
如露亦如電，
應作如是觀。

但是，人類的最高精神生活，卻是透過這些假法來銑練出智慧，看到如來本性。否則就要斷滅，像狼人一樣，成為虛無的無記空和愚魯無明。

於是，人際成為人類精神活動的主要現象，也是人類提升精神生活、證入法界的試金石。它成為人類見自如來本性、從中覺醒的素材，所有大乘菩薩行，都離不開人際的醒覺與圓滿。

怎麼樣才能做到人際的醒覺呢？如何才會有圓滿的人際活動呢？禪家提供了幾種實踐的方法。首先，禪者告訴我們：人際在還沒有和諧之前，不免互有僭越，彼此意見不同，立場互異，利害衝突，所以必須學習忍辱。所謂忍辱不是硬忍，而是要打開胸襟，包容接納別人的意見。布袋和尚說：

寬卻肚腸須忍辱，
豁開心地任從他，
若逢知己須依分，
縱遇冤家也共和。

人類只有豁開心胸，能寬容別人的過失，才有和平，才有和諧。我們的社會，刻正朝向自由民主之路邁進，但卻又處於紛爭和失調的局面。那是因為大家還沒有養成寬容和包涵的民主素養，不諳於彼此溝通和尊重的議事規範所致。事實上，民主政治就是一種彼此包容、相互妥協和尊重的理性社會。

夫妻懂得寬容，才有充分的溝通，從而建立幸福的家庭。師生懂得寬容，教育的機會和效果才大大的提升。因為老師在寬容之中，才可能有冷靜的性情，去協助解決學生的困擾。沒有寬容之德的老師，在學生觸犯校規或學習不力時，自己便會火冒三丈，在紊亂的情緒下，坐失啟發學生，或引導學生在錯誤中學習成功經驗的良機。

良寬禪師畢生修禪，成就甚高。當他年老的時候，有一天收到家書。信裡頭說，他的外甥不務正業，吃喝玩樂，快要傾家蕩產。家鄉親人希望他回家勸誡外甥。於是良寬千里迢迢回到家鄉。他的外甥也很高興地和這位和尚舅舅相聚，並且特地留舅父過夜。

良寬在外甥家裡過了一夜，都沒有教訓過或責備外甥，只是在第二天早晨，要離去的時候，良寬對外甥說：

「我真是老了，兩手直發抖，可否請你幫我把草鞋帶子繫上？」

外甥很高興地為他繫好鞋帶，就在這時良寬禪師說：

「謝謝你。你看！人老的時候，就一天衰似一天。你要好好保重自己，趁著年輕的時候，要把人做好，要把事業基礎打好。」

良寬禪師說罷，掉頭就走，對於外甥的不是，隻字不提。但就從那一天開始，他的外甥再也不花天酒地了。這隻字不提的功夫，就是寬容，寬容可以建立和諧的性情。這時，簡單的三言兩語，就可以打動對方，發生最大的教育效果。

忍辱，對自心而言可以增加功德；對外界而言，可以化凶暴為和諧。所以忍辱是佛家大乘菩薩行中很重要的一環。忍能提高心理學上所謂的自我強度（ego strength）。一個忍受性強的人，比較能經得起挫折和失敗的打擊，他們的情緒穩定，心理健康，思想也比較積極。

夢窗國師有一次渡河，船已經開航了。這時來了一位帶刀的將軍，喊著船夫載他過去。全船的人都說，船已開了，不可回頭。船夫也喊著，要他等下一班。這時夢窗國師說：「船家，船離岸不遠，還是給他一點方便吧！」船夫看到是一位出家人講話，就回頭去載將軍。沒想到將軍一上船，正好站在國師身邊。他拿起鞭子抽打國師，么喝著說：「和尚！走開點，把位子讓給我！」鞭子打在夢窗的頭上，鮮血汩汩地流著，他卻一語不發。過了河，夢窗跟著大家下船，走到水邊默默地把臉上的血洗淨。

這時蠻橫的將軍知道自己的錯和恩將仇報，就過去向這位禪者道歉。而夢窗國師卻心平氣和的說：

「不要緊！出外人心情總是不太好！」

夢窗就這麼輕描淡寫地把一般人忍無可忍的事化開了，這就是最圓融的人際關係。在禪者的眼光裡，人類生活最大的障礙就是我相。當別人對自己的凌辱能忍得下來時，他已能勘破我相，見到自性如來了。

尊重，也是圓融人際關係的法門。禪者經常以尊重一切眾生來肯定一切眾生的平等。他們認為輕蔑別人之心就在自己心中；對別人的不敬，不但破壞人際的平等與和諧，更嚴重的是自己的心靈本身就失去平衡，沾染了差別不平的卑劣習氣。

宋代蘇東坡有一次來到金山寺和佛印一起坐禪。蘇東坡覺得身心暢通，就問佛印說：

「禪師！你看我坐的樣子如何？」

佛印對他說：

「好莊嚴，像一尊佛。」

蘇東坡非常高興。佛印就問蘇東坡：

「學士！你看我坐姿如何？」

蘇東坡總是不放過嘲弄禪師的機會，就說：

「像一堆牛糞！」

佛印聽了也不以為忤。

蘇東坡自以為這次談話佔了上風，碰到朋友就說他贏了佛印禪師。消息傳到聰慧的蘇小妹耳中，便對蘇東坡說：「哥哥！你輸了！禪師的心中有佛，所以他看你如佛，而你心中有糞，所以看禪師才像牛糞。」

對待別人的一言一行，都從心中投射出來。當心裡頭不平衡、不尊重別人的時候，總是會脫口而出，化為輕蔑的態度。它最容易傷害友誼。唯有得道的禪者，會以寬容之德一笑置之。

人必須把心中的貢高和我相放下，才可能發展出寬容、忍辱和尊重別人的謙和，從而發展圓融的人際關係。放下貢高和我相就是真空，所培養的謙和與人際智慧就是妙有。禪者的人際圓通，也是從真空妙有中孕育出來的。

怡然心安

禪本身就洋溢著平靜安祥的情趣。它能孕育健康的心理生活：讓我們睜開自己的法眼，勘破情緒和情感上的障礙，看出人性的光明面，見到喜悅自在的生活點滴；讓我們看穿色相的表面，在忙碌的現代生活中，發現閒適單純的禪味。

現代人普遍感受到一種強大的心理壓力，是由於缺乏禪的洗濯，不能用簡樸單純的方式，處理自己的生活。有時，甚至把生活複雜化，使自己覺得心煩氣躁，因應不來。特別是人們普遍生活在講求效率的工技社會，浸淫在強調功利的商業活動之中，養成不斷向外追尋、不停壓榨自己時間和精力的習慣，結果，生活變成了一種沉重的負擔和不安。

禪告訴我們，生活是一種實現，是把自己的能力實現出來，成為一種喜悅，一種能與別人分享的成果；而不是勉強自己，加快腳步去爭奪，把自己的時間和精力全部變成交換慾望的籌碼。人只要能回歸落實到生活的本身，接納自己，實現自己，就可以生活得安然自得。安適的情懷不是追求來的，不安的心也不是外面能強加給我們的。因此，精神生活的真正關鍵是自己能否維持一個純真的態度。

中國禪宗的第一次傳承，就是傳遞了安適的法門。在禪學典籍上記載著，中國禪宗的第二代祖師慧可，有一天問達摩說：

「我的心裡很不安，請老師為我安心。」

達摩說：

「你把心拿出來，我替你安。」

慧可想了好一會兒說：

「我已尋覓過了，可是找不出來。」

達摩說：

「好，我已把你的心安好了。」

在這麼一個簡短的對話中，慧可豁然領悟到自心本來就是安和的，所有的不安，是在生活上妄加挑剔、強作追求所造成的啊！

人們的擔憂與煩惱，比事實情況要大上許多倍。這是由於人類幾千年來，過度強調未雨綢繆，過度渲染憂患意識，誇大失敗的消極意義，而使得人類普遍染上一種不安的意識。禪告訴我們，我們當然可以預做準備，但不可以滋蔓成懼怕的心態，因為它會使我們變得不安。我們當然需要養成戒慎的習慣，但不可以因而害怕失敗，造成焦慮的心情。這其中的心理變化，完全決定於自己是否被消極的思想所牽引。而這些消極的懼怕和退卻，卻源自與事實無關的過慮和擔憂。這個虛幻不實的擔憂，使許多人一蹶不振，使許多人無病呻吟，使許多人終日憂鬱難安。

唐朝香嚴智閑禪師有一次考問弟子說：

「有一個悟道的人，他口銜著樹枝，腳無所踏，手無攀附，掛在千尺懸崖上。這時，忽然有一位求道者來問佛法大意是什麼。如果開口回答，就要跌落深谷，喪失生命。如果不回答，則違背出家人隨時慈悲開示的本分。在這種情形下，他該怎麼辦？」當時在座的大眾面面相覷，不知如何回答。座中有一位叫招上座的學生便說：

「老師，先別問他咬在樹上該怎麼辦，我倒想先問他為什麼要上樹去自尋煩惱？」

在反問的話裡，招上座已經點出：人為什麼要自討苦吃，爬到那危險的樹枝上，用口咬著樹枝，驚恐萬狀，憑空惹來那麼多困擾呢？引申地說就是，為什麼人要為了名利地位而赴湯蹈火，惹起偌多的煩惱和不安呢？其實，人類是很會自尋煩惱的。我們明明知道別人不肯認輸，卻偏偏要別人投降，所以才有了戰爭。明知別人不一定會讚美自己，但卻想盡辦法要得到別人的青睞和美譽，於是生活陷於失望困頓之中。

招上座能夠這樣反問他的老師，表示他已經開悟，能從許多煩惱障和所知障中解脫出來，不再陷入虛幻與造作，自尋煩惱了。他懂得去過逍遙單純的生活。於是香嚴智閑用一首偈子，來總結這次師徒的談話：

子碎母啄，子覺母殼，
子母俱忘，應緣不錯，
同道唱和，妙云獨腳。

這首偈子是說，人的成長就像小雞的孵化一樣，無需爭論是小雞自己啄破蛋殼，或母雞替牠啄開，重要的是自己要從既有的防衛意識中解脫出來，醒覺過來。精神生活是不能摻雜挑剔的，更沒有必要為自己合理化，充面子，畏首畏尾。只有以平直心去生活，真正回歸到純真的自己，才能肯定自己，同道唱和，無入而不自得。

肆 禪的悅樂

吾心似秋月，
碧潭清皎潔，
無物堪比倫，
教我如何說。

——唐·寒山子

從禪學的觀點來看，快樂顯然是自然與和諧生活的本身，而不是造作和強求的結果。只要你想刻意追求一些享樂或快慰，它即刻像受驚的啼鳥，驀然離去。反之，如果以踏實的態度去生活，投注其中，就能品味多采多姿的體驗，享受到快樂的生活。我們必須承認一個事實：生活是現成的，快樂也是現成的。只要你開啟心胸，接納一切有情，澄淨一下你的耳目，去欣賞生活上的點點滴滴，走出狹隘的桎梏和成見，去結交親切的友誼，很容易就有清新的情趣和快樂的感受。生活是一種實現，生活本身就是至高的喜悅。

宋朝無門和尚說：

青天白日，
切忌尋覓，
更問如何，
抱贓叫屈。

這首偈子說明了生活的基本態度：生活本身有許多快樂，千萬不要以貪圖享樂之心做出過當的追求，要以一種平和的態度去生活、去實現，這就有了生命的光輝。如果自己身在福中不知福，到處想追求刺激性快樂，到頭來一定煩惱苦悶，就好像自己抱著贓物，還要到處喊冤一樣的可笑。

現代人的生活有一種共同的特質——不快樂。現代人顯得處處與禪的真理大相逕庭。因為我們每天都在強求，每天在膨脹自己的慾望，以致產生了貪婪的饕餮情結。心理上產生一種永遠填不飽的饑荒感受，使自己成為富有時代的「饑民」，對地位的饑餓，對利益的渴望，對虛偽自尊的堅持，對享樂的無盡慾求。由於我們窮困的是自己的心，所以徹底的不快樂。

其次，人們太忙了，太累了。這個工商社會透過競爭和工作效率的制度，簡直把人們的體力和心力完全的壓榨出來，造成身心疲竭。許多人已經很久體驗不到什麼叫精力充沛，什麼叫活力。有更多的人在工作之外，顯得無精打采。他們易怒，情緒暴躁，不知覺的緊張，睡眠不好和頭痛等等。當然，忙碌也成為高血壓和心臟病的主要禍首。我們在這些時代病的折磨下，已有許多人面臨適應上的困難，並為身體帶來病痛。唐朝雪峰禪師說：「二龍爭珠，兩者俱錯」的話頭，對現代人不失為當頭棒喝了。

忙碌已使人生活刻板化，許多人簡直不知道如何打發空閒的時間，於是只有透過吃喝來消遣自己。台北市所以餐館林立，每當華燈初上，大小館子高朋滿座，揮金如土的吃喝，醉飲時的吆喝，燈紅酒綠中的夢魇，那是真正的暢快呢？抑或是心靈空虛的投射反應？

思想也帶來了快樂的障礙。民主自由的思想，提供了現代人平等的觀念。這個良法美意原本建立在每個人能自我肯定及自我控制的前提下。但是開放的社會，並沒有使每一個人獲得自我醒覺、了解自己、接納自己、實現自己的潛能。相反的，現代人把自己拿來跟別人比較：別人有才華，自己也希望有；別人有地位、財富，自己也希望和他一樣；別人有好的享受，自己更要看齊。就在這種比較下，人們開始摹仿別人，東施效顰蔚為風氣，在趕流行、趕新潮之中迷失了自己。現代人似乎竭力在使自己變成別人的樣子，日子久了，也就發生了否定自己的空虛感，這是快樂不起來的根本原因。

這種「背離自己」的生活態度，使現代人的思想和意識受到嚴重的扭曲。大家把趕流行錯當是生活的本身，於是生活失去實在性，只落得在比較虛幻中漂泊。結果，慾望脫離了生活的需要，不斷擴大自己的慾求水準。慾求愈多，匱乏愈甚，相對地也就愈窮困了。窮困的感受就是痛苦，絕對不會是快樂。佛教經典中把精神生活分成十個範疇（十法界），其中地獄、畜生和餓鬼稱為三塗苦。從心理學觀點來看，地獄代表失去生活空間，要受無明煩惱的煎熬，在身心方面都要受到最大的焦慮和憂愁的折磨。畜生代表不能自我控制和失去倫理的生活，在心靈上要蒙受慾與污濁的奴役。至於餓鬼則代表無盡的貪婪，以致永遠不得快樂的痛苦。餓鬼梵文稱為薜荔哆（Preta），這個名稱據說是上古時代的一種動物。牠永遠不會知足，不斷地吃，肚子也就愈來愈大，相對的肚子也就愈餓。「餓鬼」在佛學上表示慾望的不斷擴大與提高，會導致貧困感受的強烈煎熬。人如果墮入無盡慾望的貪婪，也就陷入餓鬼的精神生活領域了。

思想上的扭曲也是許多人不能快樂的原因。清醒使人獲得喜悅，因為它令人賞心悅目。迷失使人感到徬徨，因為它使你墮入一團混亂。當一個人很容易受到別人的暗示，而不能自我肯定時，就會猶豫不決，失掉了自己寶貴的意見和純真的生活態度。當一個人不能了解自己的真正需要是什麼，而茫然跟著別人附和時，自己就會無比的空虛。當一個人時時都在苛求自己，往虛幻的權勢地位去攀爬時，精神的壓力自然沉重。

思想上的錯誤使一個人失盡快樂，消極的思想使人不能振作，自我中心的意識使自己感到孤立不安，力求完美的觀念簡直使人無法從容的生活。觀念上的錯誤使我們變得不是為了生活而生活，這種虛幻的生活正是現代人普遍的現象。

人類追求快樂之道，必須先回歸到生活的本身。生活的本質是實現，而不是佔有。它本身就是一種喜悅，無需向外追求額外的快樂，當我們能珍惜生活上的點滴，欣賞其中的妙悅，快樂也就在其中。唐朝百丈懷海禪師說：

> 不被諸境所惑，
> 自然具足神通妙用。

禪的宗旨就是要我們回歸到生活上去，解脫種種煩惱，自由自在地實現生活，流露著無盡的喜悅。

禪者總是以悠遊自在的態度去生活，去披露純真的性情，所以懂得「要眠即眠，要坐即坐」的生活藝術。而現代人正好相反，總是喫飯時不肯喫飯，百種需索；睡覺時不肯睡覺，千般計較，這就快活不起來了。

禪學是一種精神生活的藝術，透過禪可使現代人更有能力享用自己所創造出來的成就，獲得真正的快樂。以下我從禪家的生活態度，來說明禪能給現代人帶來精神悅樂的幾項啟示。

承擔與不挑剔

快樂本身就是一種美德，一種生活的實踐，而非從追求中所得到的報償。因為快樂本身是一種主觀的體驗。當我們沒有能力承擔生活中所發生的事實時，才開始採取逃避，尋找替代物，或者用挑剔的方式對待自己和別人。禪家認為一個心地穩健的人，總有一副好肚腸，他們能接納生活所發生的一切事物。也正因為能接納，他們能看清楚事事物物，勇於改正，避免錯誤，那就是創造力的來源，也是快樂的本身。因此，無需用任何手段來抑制煩惱，而是在生活的直下承擔中獲得心靈的豐足、成長與快樂。

沒有承擔就不可能投注於生活，這種疏離的後果，使一個人因為空虛而失去快樂。沒有承擔就沒有挑戰，精神生活就會逐漸的消沉，當然也會失去快樂。所以禪家非常重視承擔。唐朝的時候，玄沙師備和大普玄通兩位禪師討論教導學生領悟生活的藝術時，有一段精闢的對答。

玄沙說：

「你要引導一個人懂得生活之道是很難的。」

大普說：

「確實困難。」

玄沙說：

「你看難在何處？」

大普說：

「就是難在他們不肯承擔。」

不能承擔的人總是缺乏寬容。失去寬容的人，又怎麼會是快樂的呢？現在我們要問，怎麼樣才能有所承擔呢？禪家的答案很簡單，就是在生活上不挑剔，不強求完美。人總是為了完美而挑剔，因挑剔而不快樂，所以在生活上要求完美是一種缺憾，而不是美德。事實上，追求完美除了使你更容易挫折、沮喪和焦慮外，並沒有使事情做得更好，有時反而使自己喪失向前努力的勇氣。

每一個人都要在他的工作和事業上追求卓越，但不能以十全十美的態度來審度自己的生活。前者是一種承擔，是一種實現，可以獲得滿足和快樂，而信心和活力也很快可以培養起來。這樣的人比較容易激發潛能，獲得成功。後者則在強迫自己去完成現在達不到的目標。要求自己十全十美，總是多方挑剔自己，不滿意自己，天天都有挫折感，甚至時時覺得別人在對自己品頭論足。這不但有礙健康，會引起沮喪和焦慮，而且在工作效率、人際關係和情緒生活上，都會發生困擾。所以生活的至理就是唐朝僧璨大師所說的：

至道無難，
唯嫌揀擇，
但莫憎愛，
洞然明白。

我相信最好的心理衛生法則就是對自己不要挑剔：不要挑剔自己的容貌，不要挑剔自己的能力，不要挑剔自己生活的環境，更重要的是不要挑剔你的家人、親人和朋友。把挑剔的習慣戒除，就不會為瑣事煩心，就不會把時間浪費在煩惱和不快樂的埋怨上。這樣才會有充足的精力去工作，有清楚的腦力去創造，有和氣的態度去享受美好的人際關係，有恬靜的性情去享受悠閒生活。

我知道有許多人根本就不懂得清閒，因為他老是帶著不滿意的心情去看別人，去批評世事。他一有了空閒就開始嘮叨，或對一些芝麻小事發愁。這種人一天待在家裡，家人一天不得安寧；跟他一道去旅行，不是抱怨交通擁擠，服務不好，就是嫌風景不美，天氣太差。滿肚子牢騷和埋怨，把原本高興的旅行給破壞，把本來輕鬆愉快的休憩給糟蹋了。

不挑剔可以培養恬靜常樂的性情，也可以孕育開闊的心胸。雪峰禪師說：

本自天然，
不假雕琢。

一個人若能放下挑剔和苛求，自然逍遙任運，喜悅自在。為了避免挑剔和苛求，我建議：

- 不要一下子把自己的抱負水準訂得太高，要步步為營，不適合自己的抱負往往是焦慮不安的來源。
- 要知道珍惜自己身在福中，對於當下不如意的際遇，要以接納和寬恕的態度處之，但別忘了還要從承擔的觀點積極充實自己。
- 不要追求十全十美，它會像苛刻的暴君一樣折磨你，使你喪盡了生活的快樂。
- 要養成欣賞日常生活點滴的習慣，只要你稍加留心，每天都會過得妙悅愉快。
- 個人的價值、美麗、智慧與性格，無需渴求別人讚美。沽名釣譽，處處在意，使你憂慮發愁。

承擔自己的遭遇，可以使自己曠達，胸襟開闊；養成面對生活、接受挑戰的樂觀態度。不求完美，則使我們過得自在無憂，更能自我肯定。承擔與不求完美即禪家所謂的平常心，它能給我們真正的愉快和活力。

精進即是好日辰

人的思想方式和處世態度，決定了一個人是否快樂。如果臨事老是往壞處想，從消極面去擔憂，那麼無論做什麼事都會有很大的心理壓力，精神負擔重了，當然快樂不起來。相反的，倘若能樂觀些，倒反而有了活力，做起事來就比較帶勁。因此，樂觀積極的思想，確能帶來快樂的人生。禪家們常常說：「萬法唯心。」你心裡想著的，正是你現在或未來要遭遇的。

每一個人都可以藉著改變思想或態度來改善自己的心情，創造快樂的生活氣氛。這種方法在佛學上稱為「轉識成智」。每當我們感到沮喪或遭遇到挫折時，我們要一念轉入精進，使自己光明本性自然流露。唐朝光慶禪師的學生有一天問他：

「心月孤圓，光吞萬象，真正的意思是什麼？」

他說：

「只要抖擻精神就行了。」

什麼叫精進，什麼叫抖擻精神呢？我們可以從心理分析學家容格（Carl J. Jung）對思想力量的強調得到了解。容格曾回憶自己的往事說：他不喜歡學校生活，雖然他大部分科目成績優異，但在數學和體育上卻有了困難。如果任其選擇，他寧可每天待在家裡。這種不喜歡上學的消極念頭，使他無法抖擻精神，當然也是不快樂的。十二歲時，一位同學在街上把他擊倒，他一頭撞到地上，一陣昏眩，旋即又恢復過來。不過從那時起，只要一到上學他就會覺得頭暈，群醫束手無策，而這種疾病卻一直提供了他不上學的理由。可是過了幾個月，他在無意中聽到父親憂心忡忡地告訴朋友說：「我現在連手上那一點積蓄也花光了，不知道他將來怎麼辦？」他突然覺悟到自己的病所造成的困境，於是抖擻了起來，奮力抗拒昏厥，努力上學唸書，病也就很快好了。容格後來說：「我從那時起，知道了什麼叫精神病。」

當我們能以積極的心智和光明的思想去面對生活上的種種挫折時，我們產生了驚人的精神力量和智慧。它使我們生活得快樂，支持我們完成許多目標，從成就感中得到無比的喜悅。這種心智正是禪家所謂的般若心智。龍冊曉榮禪師（天台德韶的大弟子）的學生有一次問說，什麼是般若大神珠，他回答說：

般若大神珠，
分形萬億軀，
塵塵彰妙體，
刹刹盡毗盧。

很明顯地，當一個人能以精進光明的心智去生活時，順逆已經不能影響他的生活，而在任何時間、任何地點，都能把「毗盧性」（指光明的本性）發揮出來，使自己保持著活力。誠如美國職業籃球明星柏德（Larry Bird）所說：「對我來說，一個勝利者就是體認造物賦予的天分，努力把它發展，並用這些技巧完成自己目標的人。在我輸球的時候，我會發覺自己的弱點，第二天出賽便可把弱點化為力量。」

精進的人心中永遠有個太陽：它給自己希望，給自己溫暖和活力。所以他的生活能落實在工作上，工作能帶給他豐富的意義和喜悅。禪者和一般的佛教徒不同，他們非常重視工作；因為只有工作才能實現生活，否則就會落空。這個觀念起源於唐朝的百丈懷海。他創立禪林制度，制定生活規範，揭櫫「一日不作一日不食」的格律。工作生產不只是生計問題，而是一種道的實現。禪者把工作視為一種生命的積極實現與享受。因此在工作中並沒有勉強所產生的焦慮，相反的是「作而無作」的「為法忘軀」。這也是禪師對學生的一項重要訓練。

我們都知道禪林的規矩，他們非常重視搬柴運水，他們強調的是享受辛勤的工作，獲得清淨自在。唐朝臨濟義玄禪師是臨濟宗的祖師爺，他是黃檗禪師的學生。有一天正當臨濟很認真的除草時，黃檗走過來看他。臨濟看到老師來了，就拄著鋤頭站著。黃檗就問：

「我看你是累了。」

臨濟回答說：

「我連鋤一下都沒有鋤，怎麼會累呢？」

黃檗業已知道臨濟已經領悟到「作而無作」的道理，便用棒子表示了認可。這種把工作當做一種實現，而不視為一種負擔的積極思想和精進態度，正是現代人所缺乏的。我深信，許多人即使把工作降低到一週只工作五天，還是覺得工作是一種壓力與不快。

說到這裡，我想起了法國文豪伏爾泰（F. M. Voltaire）的一段話。他說：「沒有工作和死亡是一樣的……一個人應該努力的工作，才能避免對生活厭煩。我年紀愈大愈覺得工作的需要，一切工作最後總是變成無限的快樂。」不精勤的工作不但不能帶來實現的滿足，也無法體會休閒時的愉悅和快樂。

唐朝法眼文益禪師就是非常重視積極實踐的一位禪者。有一次學生問他：

「什麼才是人生之道？」

法眼直截了當地告訴他：

「一願也教你行，二願也叫你行。」

每一個人都可以透過積極的實現而獲得真正的喜悅與幸福。我們的心中與生俱來就有一種想實現什麼的力量，只有透過積極精進的思想，才可能引發出來，成為服務社會、實現自己的滿足感。特別是在遭遇挫折的時候，一定要把這個「如世萬金」的光明面發揮出來，否則就會形成壓抑，導致不快樂。禪家常說：

> 不經一番寒徹骨，
> 爭得梅花撲鼻香。

沒有經過一番努力與實現，快樂永遠被自己的消極和懶惰隱藏起來。心理學家佛洛姆（E. Fromm）曾把快樂的來源分成三大類，即倫理精神生活的實踐，完成工作或活動的滿足，以及經過一番辛勤工作的輕鬆。我們可以從他的心理學著作中發現，無論是倫理的精神生活，工作與輕鬆的喜悅，都必須經過一番積極精進的努力。如果沒有經過一番振作與努力，快樂似乎根本不可能。

現在我們不得不承認中國一句古諺「富不過三代」有相當的道理。這句話雖然不是絕對的，但大部分的富裕家庭，都疏於培養子女精進奮勵的習慣。這使下一代失去快活積極的能力和快樂，隨之走向「被娛樂」的物慾享受。

這使他們失掉生命的活力，失去由積極精進所帶來的活潑熱情與快樂，繼而導致失落與頹廢。

一個精進的人，總是先訂下合理的目標，然後努力去實現它，藉著實現獲得快樂與滿足。因此，每一個人的一生都必須有其合理的人生目標，每一天也都必須有合理的具體計畫。一生的目標是一個人的希望，它帶給我們對未來的憧憬和方向，它使我們的生活具有豐富的意義和存在的價值。一天的計畫則引導我們不會空手而回，它能證明自己沒有白活，而且帶回絢爛的豐收。因此，有了目標就有了積極振奮的心志，就有了生活的意義。能如此，豐足感就會伴隨著快樂，綻放著生命之光。

人生總免不了有喜有悲，有順有逆，遭逢困厄和失意是在所難免的。我深信挫敗與順遂的輪番出現是生活的本質。要想不讓苦惱紛至沓來，就必須拿出精進的態度。記住！積極的邁向目標工作，就是生命力量的來源，它能治癒哀傷，是落寞哀傷的止痛劑，同時它也引導你走向創造性生活的最佳途徑。就在這個途徑上，你會更進一步體驗到生活的豐足和意義。

我們每一個人心中都有純澈的光明面，那就是禪家所謂的「毗盧」自性，也是我們在生活中能體驗快樂的根源。只要我們能經常把心中的憂鬱和煩惱加以清除，自己很快就會變得開朗，情緒狀況改善，快活自然流露出來。要想培養這種與生俱來的精進力量，建議你實踐以下幾種方法：

- 培養正面看問題的習慣。當你全盤了解事情真相之後，要以信心和樂觀的態度去面對它，訂出計畫，勤奮地付諸實行。
- 如果遇到難題，要誠心檢討，尋求改進，不可以推諉或找藉口原諒自己。
- 身體狀況會影響你的工作態度，更會影響生活情緒，所以你一定要規律的作息，每天做適當的運動，不可間斷。
- 精進的態度和思想，最容易從朋友那裡得來，因此你要交幾位品德好、生活態度積極樂觀的朋友。從那兒你不但可以得到友情，又可以得到好的精神生活和處世智慧。
- 你要經常閱讀書籍，要養成閱讀名人傳記的習慣。積極精進是每一位成功者的共同特質，從傳記中，你有機會與他們神交，獲得許多啟示。

積極精進的心志，是一個人獲得成功、幸福和快樂的必要能力。六祖慧能說：「若能鑽木出火，淤泥定生紅蓮。」如果我們把這個理念用在日常生活中，那正是麥當勞創始者雷・克洛（Ray Kloc）在其自傳中所說的：「我相信每個人都可以創造自己的幸福，每個人都應該為自己遇到的種種難題負起責任。」事實上，人生是一個不斷去解決難題的過程，它本身就能帶給我們快樂。

清醒中得到快樂

就現代心理學的觀點來看，生活可以解釋為一個人與環境之間的互動作用。在這互動作用之中，如果個人成為環境的因變數，他的生活隨著環境的更迭而變化，那就是禪家所謂的「隨境枉遷流」。在這種處境下，他只能算是環境的奴隸，而不是清醒的主人。比如說，朋友對著我開了一個難堪的玩笑，一時很下不了台，結果弄得老羞成怒，面紅耳赤，那是自己被境轉了，是剎那間自己失掉了自主性的結果。反之，如果自己也能幽自己一默，或者平淡地對它莞爾一笑，就可以心平氣和。

當一個人失去清醒的覺性時，環境就會不斷地干擾他的感受性，從而影響到正確的判斷，干擾他的情緒，使他感到不快樂。

每一個人都具有豐足自在的本質，唯一的不同是平凡的人總是給自己一個虛幻的價值評估，認為自己應是一個重要的、比別人好的、應受到別人讚美和稱讚的人，並把這些比較性、虛幻性的價值當做目標，而竟忽略了生活的「實現性」本質；所以才被虛幻的目標所迷惑，專注於自以為是的目標，而被它牽著鼻子走，疲憊不堪，痛苦難耐。一般而言，人們對生活的態度可分為兩類：一種是實現型，他們有個清楚的頭腦，知道錯在哪裡，而且願意去改正；另一種人是辯解型的人，他們遇到錯誤和挫敗時總是找藉口掩飾，所以成功永遠屬於實現者。

一個清醒的人總是能落實在自己的生活上。我所謂的「自己的生活」絕非自私的生活，而是了解並根據自己的性格特質、能力、體力和環境情況去生活。當一個人能了解自己的時候，就能發現自己的優點，予以發揮實現；清楚自己的缺點，而予以接納。每個人都是獨一無二的，都是高貴的，只有自己能接納自己，才有了尊榮，才有快樂。一般人很喜歡拿自己跟別人比較，愈是比較摹仿，愈是偏離自己的本質，這種生活的態度，不但抑制了自己的真正能力，同時也否定了自己求自由、求實現的天性，那是不快樂的來源。俗語說：「人比人氣死人。」只要墮入比較，就會失去清醒的生活，就會失去快樂。禪家常說：

供養百千諸佛，
不如供養一個無心道人。

無心道人就是一個不被盛名所欺、不被財勢名利所牽，不被環境色相所矇蔽的人。這樣一個無心道人，就是能忠於「真我」、去實現自己、過成功快樂生活的人。

因此，一個人要從虛幻的色相中解脫出來，要從錯誤的價值觀念中走出來，落落實實地生活，篤篤當當地去實現自己的生活，那時就有一種無比的充實感和快樂。這就是禪家們所說的「無事於心，無心於事，虛而靈，空而妙」的真正意義。

心理學家舒滋（William Schutz）非常重視個人潛能實現的重要性。因為唯有接納自己，實現自己，才有真正的快樂，並一展長才，做一個成功的人。當然，一個人也要能接納自己的遭遇，接納自己的貧富，只有接納它，了解它，才能超越於煩惱執著，保持快樂。

人本來就是快樂的，他的快樂是因為他活著，落實地生活。根據他的因緣去實現自己的生活，沒有另外一個頭上安頭的目標，沒有旁生枝節的雜亂，那就是真正的「自在」，一種純然的自我肯定，那就是真正的清醒與快樂。

第二種清醒的本質是建立在人與人的關係上。當我們能了解別人的感受和立場，尊重他，體諒他，接納他時，我們即刻建立了一個和諧的關係，那就是愛，也就是慈悲。這種清醒的人際關係，使我們不再想統治對方或控制對方，更不會是凌駕對方。這樣便自然流露出溫柔和平等、安穩和喜悅。清醒的人際關係建立在以下幾個原則上：

●要了解自己，接納自己，去實現自己的人生，不宜跟別人比較，拿自己跟別人比較等於否定自己，那就不快樂了。

- 必須養成幫助別人的習慣。幫助別人不但使自己體驗到豐足感，同時可以建立和諧快樂的人際關係。
- 人與人之間相處的快樂，大部分建立在語言的溝通上，幾句話不投機，很可能使朋友鬧翻臉，傷了和氣。所以你一定要學習良好的溝通技巧，但最重要的是你能讚賞別人。
- 隨緣給予別人一點方便，必能從對方的喜悅中獲得共鳴，而隨緣方便的回流，就成為你的福氣。
- 記得尊重別人，能以同情心和同理心去考慮別人的立場；相對的，自己也享受到被尊重的快樂。

第三個清醒的本質是回歸到生活上。生活的本質就是實現，而不是佔有；它本身就是一種喜悅。禪家總是在工作中體驗到快樂，在行、住、坐、臥中發現妙悅。要從欣賞的態度去生活，而不是以追求的角度去生活。一個欣賞者懂得珍惜工作的意義，懂得「薰風自南來，殿閣生微涼」的樂趣，懂得參贊化育本身的神聖與永恆，懂得接物利生的快樂。

能落實在生活之中才能體會到快樂。禪家認為開門推窗，觸目遇緣，都是美妙無比；窗前的一朵花使你喜悅，孩童的嬉戲令你忘憂。唐朝時長慶慧稜禪師有一天在捲起簾子的時候，因為看到窗外景物之美，忽然大悟。他寫下頌語說：

也大奇，也大奇，
捲起簾來見天下，
有人問我解何宗，
拈起拂子劈口打。

他在捲起簾子時悟到什麼呢？很明顯的，那是現成能看到、能品觸到的一切，那就是生命的反映，是生活上如如自在的本身，而不是在生活之外另行追求虛幻的目標。因此，如果有人要在生活以外，去追問道是什麼，他當然要拈起拂子來警示他了。

因為我們投注於生活，所以我們才能自我肯定，醒覺到自己的存在。這個發現，使我們更懂得生活情趣，但這些情趣則須懂得「把握現成」，及時發現才行。世間事林林總總，只有自己保持清醒，才可能發現到「水清月現」的喜悅，才可能體驗「山花開似錦，澗水湛如藍」的快樂。長慶禪師有一首偈頌：

萬象之中獨露身，
唯人自肯乃方親，
昔時謬向途中覓，
今日看來火裡冰。

這首偈子把生活的道理說得淋漓盡致。它的大意是說：如果自己不清醒過來，投注於生活，享受生活之妙悅，做生活的主人，就不可能領會到萬物相親和諧共存的樂趣。如果生活與真我疏離，那麼就等於把過程當目的，弄錯了生活的本質，那簡直就像在火裡找冰一樣不可能。

生活透過醒覺才能落實，才能體會到「一段光明，未曾昏昧」的喜悅。這樣才有「牢籠不肯住」的放曠與自在。因此，我們把生活變成手段是錯誤的，是悲哀的；當然如果把生活之外的虛幻當做目的，是錯，也是悲劇。人只有投注於生活中，才能體會到「剎剎見形儀，塵塵見覺知」的喜悅。

對於現代人而言，生活的目的和手段總是混淆不清，從而導致許多精神生活上的痛楚。比如說，人們工作是為了賺錢，而賺錢是為了有錢可以維生，充實生活的樂趣；工作是手段，快樂的生活應該是目的。可是大部分的人並不是生活在這樣一個清醒觀念下，而是努力工作賺錢，有了錢之後再用以賺更多的錢；這中間卻忘了快樂的生活這個目的。結果一直生活在手段和勞碌之中，而不得快樂。我的意思不是教人不要賺錢，而是要注意到生活的目的性，否則就會因迷失而失去快樂。

輕鬆與恬淡

最後一種快樂的來源就是輕鬆與恬淡。所謂輕鬆是生理上處於不出力的狀況，而心理上感到一種清淨悠然的舒泰。輕鬆可以使我們的身心得到調節，恢復原有的精神與活力。因此，它也能給予一種無比的快樂。

輕鬆是在完成一件有價值有意義的工作後，把自己放鬆下來，所體會到的快樂。因為在那一剎那間，不但把工作本身的壓力移開，同時還能從欣賞已完成的工作中獲得喜悅，這種輕鬆是完整的輕鬆，是最珍貴的快樂。當你完成一場演講、一篇文稿或教完一堂課時，總是得到既輕鬆又充實的快樂。每天下班回來，總是有一種萬緣放下的愉快。因此，輕鬆是與工作相輔相成，相伴存在的。如果你想享受生活的快樂，不可不勤奮工作，瑞士哲學家阿米爾（H. F. Amiel）說：「工作使你的生活更有味。」這並不只是哲學上的價值觀念，同時也是心理學上可以證驗的命題。不過，勤奮工作只是輕鬆喜悅的條件，絕非它的充要條件。因為勤奮工作者如果不懂得休閒，也會造成緊張和焦慮。

我們是一個標榜勤勞的民族，生活價值標準建立在「但問耕耘」上，所以有許多人都拚命的工作，缺少適當的休閒，而導致緊張與焦慮。有些人甚至把休閒也當做一種活動，勉強投注於「休閒活動」上，更增加了疲勞。就我所知道的，許多人一到了星期一總是帶著更疲憊的身心去上班。

輕鬆是忙碌的工商社會所必需的一種休閒藝術。輕鬆是把工作放下來，讓自己生活的節拍緩慢下來，無論你要旅行、散步、做各種運動，你一定要放下萬緣，不再去顧慮工作或惦記俗務，甚至把時間觀念也一起放下，要讓自己投注在那悠遊的情趣之中。這樣才能獲得輕鬆與喜悅，才能使自己充分的從另一種生活中甦醒過來。這種甦醒作用，不但使你快樂無窮，同時還能恢復你的活力。

輕鬆並非只有專程放下工作去度假才能獲得，而是在日常生活與工作中就要保持輕鬆。這種輕鬆可透過以下幾種途徑獲得：

- 工作的時間不宜過長。把工作分成幾個階段，中間稍作休息，伸伸懶腰，起來走動一下，容易維持快樂的心情，使你的工作更有效率。
- 不要急於把工作完成。急性子一定與緊張結下不解之緣，它不但無益於工作，而且有損健康。急性子容易暴躁，造成不愉快的情緒。
- 平常說話和走路要保持輕鬆，不要把嗓門提得太高，也不要讓自己走得太快。

- 深通聊天的藝術，多問少說，保持興趣與聆聽，使你覺得輕鬆有趣。
- 身體疲倦時運用腦筋，用腦疲倦時應運動一下身體。

此外，你可以學習靜坐，它有助於身心的鬆弛。你也可以學習禪觀，收斂眼、耳、鼻、舌、身之根，專注於觀看眼前的靜物，遠方的花樹山色，天空的白雲、彩霞。它使你渾然忘我，得到清淨與喜悅。宋朝法雲禪師說：

秋雲秋水，
看山滿目，
這裡明得，
千足萬足。

喜悅和快樂就建立在這「千足萬足」上。

其次，恬淡也是快樂的根源。恬淡就是不貪婪的意思。輕鬆顯然是要從少慾中獲得，因為多慾的人總是把自己弄得疲憊不堪。恬淡所以是一種美德，正因為它不是懶惰，不是消極，不是不工作不精進，而是懂得在生活上知足少慾。一位恬淡者，絕對不被過度的物慾所牽，不會成為慾望的奴隸，也正因為如此，他能保持著清涼的心境。

對忙碌的現代人而言，輕鬆是很重要的。特別是經過一天的辛勞，晚上回到家裡，最好能有洗滌塵勞的機會。這時坐禪可能是最簡便、最能有效消除疲勞的方法，因為它能徹底紓解你的緊張，讓自己沐浴在「凝然萬慮忘」的輕鬆狀況。唐代南臺守安禪師說：

南臺靜坐一鑪香，
終日凝然萬慮忘，
不是息心除忘想，
都緣無事可思量。

只要每天晚上抽出一點時間，靜坐一兩刻，身心自覺泰然。在無事思量、萬緣放下時，不但所有塵勞自然解除，可以沐浴一番輕鬆喜悅，同時也可以透過禪定，發現清妙自在的真我。

現代人無時無刻不在追求快樂，但卻被追求快樂的貪念壓得透不過氣來。我們不斷向外追求物慾的快樂，但卻疏忽了真正的快樂是知足。我們用盡心思想獲得最多的快樂，卻沒有注意到「風動心樹搖，雲生性起塵」，而帶來許多煩惱與不快。

快樂不是追求能得到的，也不是用名利財富能換來的。它是一個人的主觀意識狀態，而不是尋求刺激亢奮的結果。因此，唯有你才能決定自己的快樂。而就禪家的觀點來看，快樂的法門何其簡單：從虛幻的生活中醒覺，去過實現性的生活，直心而行，自然豐足自在、快樂無憂了。

伍 從禪定到自由

一擊忘所知，
更不假修持，
動容揚古道，
不墮悄然機。

——唐·智閑禪師

禪定是開啟自由心智的微妙法門。它的本質是要我們先從許多追逐與佔有中解脫出來，不要讓自己成為物慾的奴，然後要面對自己，去承擔一切生活的事實。自由的心智決定了一個人的心理健康、道德判斷和內在的屬靈生活。它決定了自己是否能活得自在，生活得充實有朝氣。

達摩首先為禪門建立四道行，這是一門淨化自性、訓練禪定的法門。經過四道行的洗滌，才能從許多無明中解脫出來，啟開心靈的自由，過著清新妙悅的生活。

自由對現代人而言是耳熟能詳的，但多數人對自由的了解則很膚淺。現代人常把自由曲解成「為所欲為」，以致自由與縱慾分不清楚。禪家講的自由是高層次的心靈自由，他們相信，如果一個人為了享受、佔有和貪取而為所欲為，是心靈的不自由。因為他們的心智已被物慾和境界所轉動。被境轉是物奴，能轉境才是超然的智者。

被名利物慾所迷是不自由，被生活情境所激怒是不自由。所有一切煩惱，都是心智失去自由的結果，於是禪家以「應無所住而生其心」為修行法門，看入自由的真性。現在我們從四道行、自由的心智、無所住的禪法和洗淨無明四方面加以解釋。

禪定四道行

生活在忙碌的現代社會，每一個人都需要一點禪定修養，才能夠提高自己的生活品質，發揮好的工作效率，維持健康的身心生活。沒有禪定就好像海港不設防波堤一樣，外頭的濤天大浪，很容易打進來，造成港內的大災難。沒有禪定的人，容易被激怒，被誘惑，失去耐性，亂了生活的陣腳。

禪門非常重視定功，他們相信只有定功才能使一個人的心智真正的自由。中國禪的始祖達摩為了訓練他的弟子，特別立了「四道行」，要求他的弟子時時刻刻鍛鍊自己，在生活中體驗、磨練，久之定力日增，慧性也就開展出來。這簡要的四道行，於焉成為中國禪宗璀璨智慧的濫觴。

四道行的第一行是報怨行。它的意思是人必須承擔和接納一切不如意的果報。任何挫折或失敗，既然發生在自己的身上，就必須去承擔它，這就是生命存在的現象。只有接納不如意，才可能變為如意；只有接納不如意，才可能面對它，克服它，從而超越它，解脫它。這就是生活的真理。

你也許長得其貌不揚，身體瘦弱，或者家境清寒，每天工作得疲憊不堪，甚或遭受很大的打擊。不如意的事可能人人不同，但處理的態度卻是一樣，唯有接納。你不能逃避困難，而必須面對它，毫無怨懟地接納它，然後才可能以平靜的態度去設法解決它。

有些不如意的事情，只要你接納它，承認它是自己生活的一部分，悲憤的心情自然消失，隨之而來的是堅韌的心志力量。心理學家詹姆士（William James）曾說，當我們越過憂鬱和不安時，積極光明的心志自然呈現。怨懟的情緒正足以擾亂心境，除非你接納它，否則它會掀起更多情緒，把你清明的心志破壞。因此，以接納的態度去看待挫折和屈辱，反而能使自己振作起來。唐朝馬祖道一說：

能照破一切有無諸境是金剛慧。

能接納一切不如意，就能照破一切不如意；能照破一切纏縛我們的境界，就能使自己過成功的生活。就好像你必須先接納水，才能游泳過河；如果你懼怕它，不敢下水一泅，那就永遠也過不了煩惱之河。

四道行的第二個法則是隨緣行。生活是在隨緣中實現，心智也在隨緣中成長。每一個人都要根據自己的緣去生活，依自己的因緣成就人生。「嫉妒是愚昧的，模仿毀了自己」，把握自己的經驗、知識、環境和個性，如實地發揮，不跟別人比較，就是「如來」的生活。有一首禪詩說：

不求名利不求榮，
只麼隨緣度此生，
一個幻軀能幾日，
為他閒事長無明。

人最忌諱生活在比較和嫉妒的「閒事」裡，因為它使人情緒紊亂；也忌諱模仿，因為它抑制了自己的潛能和創造力。人只有「不求名利不求榮」時，才能實現自己的潛能，得到最好的自我肯定；唯有隨緣去發揮潛能，才會得到充分的喜悅和成功的人生。

達摩揭示的第三個禪法是稱法行。稱法就是根據佛法的指引去生活。佛陀對生活的實現提出三個要件，即戒、定、慧三學。戒即是戒律，它至少有兩層意義：

●培養良好的生活習慣。

●訓練正確的工作習慣。

生活無非要隨緣成就一切菩薩行（利益社會或一切有情眾生的行為），每一菩薩行都是具體目標；為了達到目標必須具備某些能力，而每一種能力都要紮根在好的生活習慣和工作習慣上。無論你的工作是什麼，如果沒有建立良好的工作習慣，失敗的風險就很大。無論你的年齡如何，沒有好的生活習慣，災禍隨時可能闖進你的生活之中。於是戒成為生命的護法神，也是生存的條件。

佛陀要人起碼堅持五戒：戒殺是為了培養仁慈的習慣，戒盜是為了確立無貪和知足的態度，戒淫是為了養成健康的心志力量，戒妄語是為了維護心平氣和與良好的人際關係，戒飲酒是為了保持清醒的思考能力。

至於定學，是指一個人的禪定功夫。人可以透過定而覺得心安理得，在社會行為上表現出較高的肯定性和自信心。六祖慧能曾說：

外離相為禪，內不亂為定。

◆

若見諸境心不亂者是真定也。

在慧學方面，是指不被成見和偏見所拘束，不被物慾所欺瞞，不被色相所障蔽，這樣才能覺醒，發揮生活的創造性。

第四個禪法是無所求行。生活的本質是實現而不是需索。實現者充滿豐足、喜悅和光明的意義；需索者的心態總是饑餓和匱乏。實現的生活，一切具足；挑剔需索的態度，處處造業不安。

無所求即是空，亦是放下。當我們把一切虛幻放下時，我們開始真正去實現自己，披露自己的「如來」，這樣就有了成就。這是真空妙有的第一步。然而，做為一位禪的實踐者，並不就此停頓，他還要把成就拿來跟自己的袍澤、乃至一切有情眾生分享，從布施中實踐「無緣大慈，同體大悲」的大乘菩薩行。這又開始進入空的階段，這一次的空使他見到如實的本體，這便是真空妙有的第二步。禪者不斷地在真空妙有中提升自己，不斷在放下和實現的過程中成長。最後他徹悟了，證入如來。

達摩的四道行，是一個人性提升的軌跡，是生命圓覺之路，它使人類在有限的生命中發現無限的希望，也使匱乏多慾的人生，得到豐足和喜悅。這四道行正是人類精神生活的光明之路，也是達摩留給後人的珍貴心傳。

自由的心智

現代人沒有不崇尚自由，嚮往自由，盡力為自己爭取自由的。我們已經從打破封建、推翻專制、擺脫舊禮教中，建立起人身自由的理念、自由化的經濟生活和逐漸上軌道的民主制度。我們在爭取自由的努力上，已稍見成果，但是我們現有的成就，可能因為心靈之不自由，而導致希望的破滅。

大部分的人在初嚐自由的同時，以為所欲為和放縱的態度，去滿足自己的慾求。因此，我們正面臨著倫理道德的解體。這個現象，不但會造成社會的紊亂，也要威脅到每個人的心理健康和心智狀況。

自由民主的社會制度，必須建立在自由心靈的基礎上。人如果缺乏自由的心靈，即使生活在自由的社會制度下，他還是不自由。他不但享受不到自由的幸福與快樂，反而擾亂了自由的社會制度。哲學家杜威（John Dewey）曾說：「民主政治的最嚴重威脅，不在外頭，而是在我們的心中。」因此，自由的心靈是生活在開放社會制度下的必要條件。

禪是孕育自由心靈的微妙法門。它的本質是要開啟內心的生活空間，讓一個人從許多成見、執著和偏見中解脫出來，去過清醒的生活。對現代人而言，禪是培養自由心智、增強對自由社會的適應能力，和確立健全社會制度的教導方法。禪有助於個人身心功能之提升，有助於快樂與幸福的實現。

禪者怎樣去培養他的自由心靈呢？首先，禪者指出，那沒有障礙的心智本體，是絕對自由的。當我們披露了它時，就顯得清醒有智慧，處處不會有障礙。這個自由的性體發揮了理性的功能，它正像是心理學家皮亞傑（Jean Piaget）所謂由個體和環境作用所孕育出來的先驗（schema）。我們靠著先驗的圖示，去處理種種複雜的事物，但是這個先驗圖示，如果被情感上的困擾和扭曲的社會關係所壓抑，它的智慧就不可能得到良好的伸展和成長。

所以，心靈的自由必須配合情感和人際的正常運作。智慧必須在破除情緒不安、情感障礙和心理困擾等「煩惱障」之後，才可能真正發揮它的功能。事實上，禪者不只要一個人破除煩惱障，還要人破除所知障和業障。所知障是成見、偏見和既有的知識觀念，人唯有破除這些障礙，才可能有真正的自由心靈。

唐朝的溈山靈祐是百丈懷海的學生。有一天百丈要他撥撥爐中，看看是否還有火。溈山撥了一下，看不到火，便對百丈說，爐裡頭沒有火了。於是，百丈親自走過去，深深地撥開表面的一層灰，居然被他撥出火來，便指著火對溈山說：

「這不是火嗎？」溈山聽了，恍然大悟。溈山所領悟的是什麼呢？很明顯的，他看到老師徹底撥開灰燼，才看到火。人也必須徹底放下一切煩惱障和所知障，才會使智慧之火大放光明。

其次，自由的心靈來自穩定的性情。就心理學上來看，它是一種肯定性，能肯定自己的情感，表現出較好的自信心。正因為如此，肯定性好的人，他們的心理健康情況比較好，做人做事也比較能守住原則，不會為一點不如意小事而忐忑不安，或者拘泥曲怯。仰山是溈山的學生，有一年，仰山到別處度過暑假回來。見面時，溈山便問他：

「一個暑假不見面，你在那邊究竟做些什麼？」

仰山便告訴他說：

「我耕作了一塊地，播下種子。」

溈山便說：

「這樣看來，這個暑假未曾閒散過。」

仰山接著也問老師，在暑假期間，做些什麼事。溈山說：

「我白天吃飯，晚上睡覺。」

仰山聽了便說：

「你這暑假也沒有白度過。」

才說過話，仰山覺得自己說的話帶有諷刺性，於是在窘態中不自覺地咋了舌頭。溈山看到仰山的窘態，便責備他說：

「為什麼你要看得那麼嚴重呢？」

生活中不可能沒有錯，不可能沒有挫折，更不可能沒有失敗。錯可以改，但不必自責；挫折可以挽回，但不可以喪志；失敗可以獲得成功的經驗，但不可以灰心。不自在的性情，使一個人變得不知所措，信心盡失，自由之心蕩然不存。

禪師隨時隨地為弟子解縛，而弟子們最普遍的束縛則來自於世故和拘謹。唐朝有一位俗家弟子去拜訪趙州禪師，由於忘了帶禮物而很介意的說：

「我空著手來，真不好意思。」

趙州便對他說：

「那麼你放下來吧！」

這位弟子更不安的說：

「我沒有帶東西來，怎麼放下呢？」

趙州又說：

「那麼你就帶著吧！」

趙州要弟子「放下來」的是拘泥和俗態，要真正的自由，不要為雞毛蒜皮小事而障礙大好的生活智慧。

人總是看不開才惹來許多情緒上的困擾和思考上的障礙。自信心差的人，總要高估困難的程度；不自在的人，總是覺得別人正在交頭接耳地批評著自己。這樣的人，不可能對自己的生活作主，在做人做事上也不能有所承擔。

自由的心靈還包含著生活的戒律。能嚴守戒律，就能使自己免於種種誘惑，維持著平穩的生活步調。對禪者而言，戒有如珍寶。佛陀把戒比喻為渡河的木筏。套用《尚書》的說法：「人心惟危，道心惟微。」只有戒律才能保證道心不斷的增長。因此，戒律是用來培養自由心靈的工具，而不是生活的最後目標。禪者強調「戒而無戒」，充分說明了戒律是為了培養心靈的自由。佛陀圓寂之前告誡弟子們，要以戒律為師，因為戒律確能預防被物慾所奴役，從而培養金剛一般的自由心志。

現代人是不重視戒律的，因此往往藉自由的說辭而為所欲為，恣意放縱。大家對燈紅酒綠、聲色犬馬，已司空見慣；對於名利與權勢的追逐，幾乎到了狂熱的地步。在外表上大家都說那就是自由，但是他們的內心卻在掙扎著，因為他們已被物慾完全的套牢，失去自由。臨濟禪師說：

諸方火葬，我這裡活埋。

這句話像是對著現代人所作的一次棒喝。現代人應該警覺到：如果不把種種障礙自性的塵勞火葬活埋，不收斂向外追逐的貪婪和瘋狂的追逐慾望，畢竟還是要做物的奴。火葬貪、嗔、癡即是空，活埋煩惱障也是空，空下一切障礙，任心志自由清醒，便是禪家心傳智慧。

無所住的禪法

我們的思想、情緒和情感，乃至生活的全部內容，都是從心裡頭投射出來的。比如說，你正在欣賞山光水色，那是透過你的心；你正為了一點小事而發脾氣，那也是透過你的心；你在剎那之間開悟了，那也是心的作用。所以禪家說「萬法唯心」，人只有透過見性的功夫，才能使心寧靜，保持平衡，發出光明積極的智慧。

禪不是教我們守空修定，而是要我們從安定清醒中發慧；它引導我們在生活中表現和諧，而破除心中的愚迷和障礙，流露出純真活潑的生活態度。

一般人的生活態度，大致可分為兩種型態。第一種是實現型，他們經常保持心靈的自由，較能認清事實，接納事實，能清醒地面對生活，所以是積極的。第二種是防衛型，他們懼怕失敗，擔心自己被別人遺棄，時時處於防衛的態勢，所以有了種種造作和煩惱。實現型的人顯得樂觀，不會被困難難倒。防衛者顯得悲觀消極，他的心裡不斷投射出多愁善感的意識，讓自己陷於煩惱的泥淖。禪就是要我們從許多虛幻與執著中走出來，讓自己活得純真，顯露出光明的創造力，做一個實現者。《金剛經》上說：

應無所住而生其心。

人類只有透過真誠，打破虛幻與執著，心靈才得到自由，從而流露出生命的智慧。

禪宗第六祖慧能在未出家以前是一位樵夫。有一天，他在市鎮上聽見別人頌經，聽到「應無所住而生其心」時，心裡就開悟了。後來，他千里迢迢到黃梅，拜弘忍當老師，只短短的八個多月，就得到弘忍傳付衣鉢。三更為他說法，所說的也是《金剛經》的精義：應無所住而生其心。於是慧能大悟，真正體驗到「一切萬法不離自性」，有感而發地說：自性本來是清淨的，我還追求什麼呢？自性本來一切具足的，我還要添加什麼呢？自性本來就平衡不動搖的，我還要攀緣什麼呢？自性能生萬法，具有無量的潛能和創造力，我還要造作什麼呢？很明顯的，慧能所指出的自性，就是一個活潑純真而有智慧的自己，而不是經過慾望薰染，執著在物慾中的種種虛幻。

自由的心靈是一切創造力的根源，也是一個人能否民胞物與的關鍵。現在是一個開放的民主社會，人們必須靠著互相尊重與了解才能有好的溝通。彼此之間必須放下自我中心的我相，才可能真正做到民主。

企業經營必須從「無所住而生其心」中發展正確的導向。馬紀壯先生是一位頗有禪味的人，在他擔任中鋼公司董事長時，有一天夜晚，他邀請幾位主管到煉焦爐房頂上談天，那兒氣溫高達攝氏四十多度，應邀的主管們熱得煩躁不安，他自己卻氣定神閒，談笑風生。馬先生苦心孤詣的安排，聽說就是要主管們暫時離開自己的立場，親自去體驗一下勞工艱苦工作的實際狀況，以促進他們體恤部屬的辛勞。

當一個人一味從自己的立場去思考問題時，就一定會出現盲點。如果能從自我中心中解脫出來，就能真正做到人和，而掃除盲點，所以說和為貴。佛陀揭示「六和」：所謂身和是指人生而平等，口和是指良好的溝通，意和是指目標相同，戒和是指好的生活和工作習慣，見和是能接納別人的意見，利和是指同享其利。這「六和」正是現代人所最需要的智慧，有了它，勞資對立就能化解，政治運作才有適切的興革和進步。

人類最高的智慧是沒有成見，最了不起的品格是不被物慾所牽。人有了獨立自由的心智，便已睜開「法眼」，能清醒地看清一切，看清前途的道路。唐朝洞山禪師是雲巖禪師的弟子，有一天洞山問雲巖說：

「老師，請你把眼珠送給我好嗎？」

雲巖說：

「你自己的眼珠哪裡去了呢？」

洞山說：

「我沒有眼珠。」

雲巖淡淡的一笑說：

「要是你有眼珠，該怎麼辦？」

洞山停了一會兒說：

「事實上，我要的不是眼珠。」

這時雲巖忍不住洞山的反覆無常，便大喝一聲，把他趕了出去。但是洞山一點也不驚慌，反而平靜誠懇的說：

「老師！出去是可以的，但是我沒有眼珠，看不清前途的道路。」

這時雲巖用手摸著自己的心，說道：

「這個眼珠不是早就給你了嗎？怎麼會看不到！」

洞山聽完老師這段指引，恍然大悟。禪家認為，自由的一顆心就是法眼，不被成見和慾望矇蔽的自己就是如來。人只有洗淨自己的一切塵勞和無明，才能徹底的醒覺，披露光明的自性。

禪無非教人放下貪婪、成見、偏見和我相，甚至連過去所學的知識也要放下。這樣才能讓自己的創造力發揮出來，做理性的判斷，做清醒的回應。故六祖慧能說：

一切般若，皆從自性而生，不從外入。

這句話不正是他對應「無所住而生其心」的注解嗎？

洗淨無明

人，為了博得他人的掌聲，所以要使勁去討好別人；為了表現自己的優越感，所以要汲汲於鑽營，甚至沽名釣譽；為了維護虛榮，所以要強作體面；為掩飾自己的無知，所以要不懂裝懂。人愈想擁有尊嚴，維護體面，就愈失去生活的純真；愈想在別人面前建立好形象，就愈容易迷失自己，否定自己，造成心理矛盾和困擾。更嚴重的是失去生活的自由與創造性。

人為什麼要去討好別人、鑽營、沽名釣譽、掩飾自己的缺點呢？理由很簡單，是由於不安。就心理生活而言，愈是不安，就愈需要為自己濃妝艷抹，把自己包裝起來，每天戴著一個面具，生活在虛偽與疏離的心理狀態中。最後，終致感到生命毫無意義，沒有自由，而且覺得生活是一種沉重的負擔。

討好別人的人堅持不了原則，維護不了正義，說不出真心話，肯定性差，總是在看人眼色的情況下，表達意見。因此，經常在壓抑自己，不敢直截了當的說出自己的看法和純真的情感。討好的生活態度，使一個人常常在委屈自己，或者經常感到自己正負荷著沉重的壓力。這對於個人的精神生活造成極大的損害。

自大也是一種不安的反應。自大的人把自己膨脹到足以凌駕他人，愛誇耀自己，愛批評別人，聽不下別人的意見。人一旦自我膨脹到唯我獨尊的時候就是獨夫，是失去智慧的殘廢者，其結局是瘋狂。

禪告訴我們，人必須把覆蓋在真我之上的虛偽面具撕下來，這樣才能生活得輕鬆和自由，顯露出朝氣和活力。唐朝洞山禪師說：

洗淨濃妝為阿誰，
子規聲裡勸人歸，
百花落盡啼無盡，
更向亂峰深處啼。

這首偈子可以說是一首喚醒人類心靈的好詩。洞山告訴世人，必須洗去心中的種種虛妄，要如如實實地接納自己，不必討好別人，也不是自大狂妄，而是要依真我去生活。人應該像杜鵑鳥的啼叫聲「子歸！子歸！」一樣，回歸到真正的自己，把種種的名譽、權勢、地位和高下的觀念拋開。這些誘人的虛妄心一旦放下，才能體會到「若無閒事掛心頭，便是人間好時節」。

人所以發展出種種攀緣和虛妄，是由於不安。不安則源自不能接納自己，不能接納自己是由於相互比較。人一旦活在比較之中，就會執著，就會固執己見，就要說自己比別人強。好強爭勝的自大和隨之而來的種種心機，使自己心胸變得狹隘，眼光短窄，見識淺陋，所以人必須把自大的我相去除。在《莊子・秋水篇》上有這麼一段故事。

秋水到來的時候，所有的小川都流注到黃河裡去，河流因而闊大，兩岸隔著遼闊的河水，遠到看不清對岸的牛馬。河神喜歡得很，以為自己是全世界最壯美的了。他沿著河流向東走，一直來到了北海。他向東眺望，連水的邊際也看不見。於是他望著海神感嘆地說：

「俗語說，飽學了知識就以為誰也不如自己的，就是我了。過去我不敢相信，竟然會有人小看仲尼和輕視伯夷的高義；今天，看到你的廣大無袤，我才相信此話不虛。唉！要不是來到你這裡，那我就危險了。我一定會被智者所鄙笑了。」

海神說：「井裡的魚是不可能和他談大海的事，因為受了地域的限制；夏天的蟲子不可能和他談冬天冰凍的事，因為受了時間的障礙；偏狹的讀書人不可能跟他討論大道理，因為受了觀念的限制。現在你擺脫了河岸的限制，看見了大海，就知道自己識淺，這樣就可以和你談談大道了。」

海神和河神的對話內容，無非是要放下自我中心的心態，放下自以為是的偏見，放下自己比別人好的觀念。這樣，心理生活空間豁然開闊，那就有了性靈的自由，有了開朗的胸襟，有了謙虛的好學精神，有了不被物慾所動的如如之心。

因此，人類最忌諱的就是自我中心所衍生的心機和褊狹的成見，那就是禪者所謂的煩惱和無明。佛經裡頭，有一則有趣的故事。據說佛陀有一次說法時，有一位女子坐在他的身旁入定了。文殊菩薩就好奇地問佛陀：

「這位女子為什麼能在您身旁就座入於三昧，有智慧第一之譽的我，為什麼卻不能呢？」

佛陀回答說：

「你把她從定中引出，自己去問好了。」

於是文殊菩薩就繞此女子三匝，並鳴指開靜。這位女子卻無所動。文殊甚至把她托至梵天，盡其神力，都不能使她出定。佛陀便說：

「現在就算有百千個文殊，也沒有辦法使她出定了。如果一定要她出定，在下方世界，過四十二恆沙國土，有一位罔明菩薩卻可以辦得到。」

不久，罔明菩薩從地湧出，向佛陀作禮後，便至這位女子前，鳴指一下，她馬上就出定了。這個故事中的罔明就是無明，它能破壞禪定，障礙智慧。它導致人類喪失心靈的自由，而沉醉於各種心機、執著和虛偽。

禪者告訴我們，要淨化自己的意識，才能發現真正的自己。趙州禪師說：

佛性堂堂顯現，
住性有情難見；
若悟眾生無我，
我面何如佛面？

當自己放下「我相」時，就不再被不安的凡心所纏縛，不再被傲慢的貢高心所牽引，不再被防衛性的心理反應所障礙。那時，看世間一切榮華有如春天的繁花，花開花落，畢竟是無常的色相，只有一顆真心，才能獨具慧眼，看入永恆和生命的無盡悅樂。

陸

化塵勞為菩提

急流垂釣，
貪餌者著，
口縫才開，
性命喪卻。

——宋・無門和尚

禪是佛陀所發現的一種清妙生活方式，它的本質就是靜慮。靜表示自己安定下來，平靜下來，心裡沒有任何障礙；慮是指自己張開了法眼，能看清自己，看清生活的本質就是生命的實現，是在「應無所住而生其心」中，如如實現，一切具足。

所謂如如是指自在的生活方式，這就像一個泳者躍入江河一樣，很悠游的泅水渡河，沒有帶走水，也沒有執取水。生命從起點到終點，所表現的生活過程就像渡河，它不在於攀緣執著，而在於自由地泅水，一切水中的景物都是過眼雲煙，拿得起放得下，就像游泳時一伸一划一樣，使自己向前游去，那就是如如自由的生活。

自由的生活表示自己能做得了主，不會成為物慾的奴隸。禪家說，物從屬於人是覺，人從屬於物是迷。無論自己的地位是尊是卑，財富是多是寡，生活是否顯得喜悅自在，完全決定於自己的心靈是否自由。

影響人類心靈自由的因素有五，即貪、嗔、癡、慢、疑五種毒害。禪家認為那是五種障礙。因為貪婪可以障礙一個人未來的生活空間，使他短視，氣度狹小；嗔怒會障礙現在的生活空間，使自己恚礙而失去理智；愚癡則障礙過去的空間，使人執著留連於過去，變得愚笨壅滯；傲慢則障礙自我的生活空間，使自己驕矜自大，愚昧無知；疑心則障礙性情的活動空間，使自己孤寂無依，焦慮不安。這五種障礙構成無量的痛苦與煩惱，以致喪失生活的悅樂。為了追求心靈的自由，展露生命的光華，就必須從以下幾點做起。

化貪婪為恬淡

貪婪是一種饑渴的心態，它的本質是不安。在心理上患了貪婪的人，永遠不知道滿足是什麼。他不停地向外追求和佔有，把生活當做追逐的手段。貪婪者最明顯的行為特質是囤積，他不停地盤算追求更多的東西好據為己有，所以他的潛意識裡有著嚴重的匱乏感。

在佛教的教理中，餓鬼是指一個人生活在強烈的渴求動機之下，以致他的生活變成一種掙扎和病態。餓鬼一詞的梵語是preta，它是指一種爬蟲類動物，生性很像中國古代傳說中的饕餮。它的食量很大，吃了東西之後，肚子就變得更大而食量隨之大增。於是，它吃得愈多，也就愈感到饑餓，永遠吃不飽。佛家用這種動物的名稱來表示貪婪，確實非常生動。

現代人太強調比較，看重佔有和囤積，以致許多人在心理生活上一直處於匱乏的狀態。貪婪是一種生活意識型態，貧窮者未必貪婪，富裕者未必知足；貪婪是一種性格特質，有了這種性格，就注定一輩子要過匱乏的日子。

貪婪的人，他們像是緊緊地握著雙手，捨不得放下他追逐得來的東西。正因如此，他們顯得非常吝嗇，生活態度上也就變得拘泥，沒有創意。

貪婪並不一定是貪圖名利財富，有時也表現在對事務過分追求完美上。十全十美的標準，使他們變得批評挑剔，對別人和自己顯得異常苛刻。於是看不慣的事情太多，心理壓力增加，生活得一點快樂也沒有。他們會把生活變為負擔，在輕視別人的草率中，更凸顯了自己無法容忍的狹隘氣度。

貪婪也表現在渴求別人的重視與讚美上，這就是所謂的「大頭病」。他不停地追逐別人的掌聲、羨慕和肯定。活在別人掌聲中的人，總是害怕別人的批評。他們乞討別人說他好，讚美他能幹。最後，他被迫不斷向外追求，放棄自我肯定，而變得疲憊不堪。

貪婪的人，他的價值觀念是往外追求，凡事貪多務得，做起事來也就不踏實。禪家認為貪婪是一種惡習，必須予以割除。禪宗有一則故事說，有一位弟子在無德禪師那裡學了幾年，自以為夠了，想要到別處參學，請求禪師准他遊學他方。老禪師問他說：

「你自己以為學得夠透徹，你知道什麼叫夠了嗎？好，在你走之前，先去裝一盆石子來給我。」

學生依照無德禪師的吩咐，裝滿了一盆石子放在禪師跟前。無德禪師說：

「這盆石子滿了嗎？」

學生說滿了。於是無德禪師抓了好幾把砂子摻進盆子裡，砂子全部滲進去，一點也沒溢出來。裝滿了之後，無德又問說：

「滿了嗎？」

學生回答滿了。無德又倒了一盅水，水仍然沒有溢出來。無德又問：

「滿了嗎？」

這時學生恍然有所悟。無德禪師深知一個貪多務得的人，往往只注意外表，而不懂得深耕易耨，這樣求學、做事和修行都不能徹底。

佛陀在他的經教裡，非常重視放下執著。貪婪就是最嚴重的執著，因為它使我們的六根對著六塵，產生無窮盡的煩惱和苦悶。佛陀在世的時候，有一位叫黑指的婆羅門教徒，運用神通力，拿著兩個花瓶去獻佛。佛陀告訴他說「放下」，他便把左手拿的花瓶放下。佛陀又說「放下」，他又把右手拿的花瓶放下。佛陀又說「放下」，黑指婆羅門說：

「我已經兩手空空，沒有什麼再可以放下了，請問你要我放下什麼呢？」

佛陀說：

「我不是要你放下花瓶，而是要你放下你的六根（眼、耳、鼻、舌、身、意）、六塵（色、聲、香、味、觸、法）和六識（眼識、耳識、鼻識、舌識、身識、意識）。把這些放下來，就能解脫一切煩惱和桎梏了。」

貪婪引發了六根、六塵和六識的執著和煩惱。只有放下貪婪，才可能從許多桎梏中解脫出來。

什麼叫做放下？是否百物不思就是放下呢？禪家告訴我們，真正的放下是恬淡，是「於相而離相」。當我們懂得知足時，一切貪婪和苦悶自然消退；當我們知道布施和跟別人分享時，自己也覺得豐足；當我們不與別人比較的時候，高下競爭也就不存在了。所以放下貪婪化為恬淡，是解脫煩惱和苦悶的第一法門。

化嗔怒為寬容

嗔怒是一種強烈的情緒反應，通常在自尊或我相受到威脅或損害時最容易出現。大部分的人在受到別人侮辱、冷落、毀謗和攻訐時，會即刻嗔怒，遇事挫折、失敗或不如己意時也會嗔怒。嗔怒是一種攻擊行為。它具有爆發性的緊張、心跳加快、情緒衝動，一時失去冷靜思考和自我控制。所發出的攻擊行為包括語言、姿態、表情和直接的暴力行動。

嗔怒的人有緊張的醜態，且好爭好鬥，所以很容易墮入阿修羅道。嗔怒者常因小事老羞成怒，爭執不休，以致干擾或破壞了平靜的心情，造成生活上嚴重的苦惱。唐朝的拾得說：

無嗔即是戒，
心淨即出家。

無嗔確實是生活上很重要的格律，只有把嗔毒放下，才可能讓自心淨化，清醒地待人接物。有一位很負責的父親，跟他的孩子解釋功課上的難題之後，便心平氣和地安慰孩子說：「你不笨。」孩子便說：「我覺得我笨。」父子兩人一個說「你不笨」，一個說「我笨」。最後，父親悖然大怒的說：

「你不笨！笨蛋！」

嗔怒確實使人失去冷靜思考，不能自我控制。因此，禪家非常重視治嗔毒。古代有兩位禪師，一個叫坦山，一個叫雲昇。坦山放浪不拘小節，煙酒不戒；雲昇為人莊重，不苟言笑。有一天，坦山正在喝酒，雲昇從坦山的房門經過。坦山便邀雲昇一起喝酒，被婉拒了。坦山說：

「連酒都不喝，真不像人！」

雲昇聽後大怒反問說：

「你敢罵人！」

坦山疑惑地說：

「我並沒有罵你！」

雲昇說：

「你說不會喝酒就不像人，這不是明明在罵我嗎？」
這時坦山緩慢的說：
「你的確不像人。」
雲昇更生氣的說：
「好！你罵我，我不像人像什麼？你說！你說！」
坦山說：
「你像佛。」
雲昇聽後，啞然不知如何。這個故事很明顯地道盡了嗔怒發生和消失的原因。禪者相信，真正避免發生嗔怒的方法是寬容，當一個人能忍受別人的批評和攻訐時，他就會免除嗔怒。另一方面，要避免傷害到別人，就必須注意維護別人的自尊（布施）、善巧的語言（愛語）、給別人一些方便（利行）和為別人設身處地想一想（同事）。如果能注意四攝事，就不容易引發別人的嗔怒。
當你嗔怒時，提醒自己，給自己三分鐘時間不說話（禁語），然後想著：「嗔怒的結果使情況更糟，要忍一下，忍過去我就多了一分忍功，這是成佛的資糧。」其次，與人相處貴在了解，彼此相互溝通，增進了解，也可以化除嗔怒。一個懂得欣賞別人優點、能一眼看出別人優點的人，就不容易犯嗔怒。反之，老是挑剔別人的人，處處看不慣別人，自然容易犯嗔怒。

化愚癡為醒覺

愚癡可以說是自我的迷失，它顯然是被過去的經驗所束縛，不能從過去的情感、知識和情緒經驗中解脫出來，而障礙了自己充分的醒覺。

任何過去的經驗都會產生現在的感情，對不切實際的感情執著便是情癡。許多年輕的戀人，他們為了如癡如夢的感情，執著到以死相許。感情是生活所產生的火光，醒覺的生活可以孕育更美的感情，但是癡情的結果反而否定了生活。這是許多苦難的根源，也是愚昧的表現。有一首小詩寫著：

天上的星星千萬顆，
地上的人兒比星多，

傻人兒，
為什麼自殺只為他一個。

癡情是一種心理障礙，它堵死了心理活動的空間，一時像窒息一樣，慧命也就不能存續了。知識也與感情一樣，執著在某一個刻板的觀念或理論，而不能打開智慧的活水源頭，便失去光明睿智的覺察能力。唐朝的李翱有一天向南泉禪師問道：

「有一個人在瓶子裡養了一隻小鵝。後來鵝長大了出不來，這個人又不願把瓶子打破，同時也不想傷害到鵝，究竟要怎麼辦才好？」

這個問題顯然具有象徵性的意義，是說如果一個人被過去的經驗、知識和習慣所約制，該怎麼辦呢？南泉對他的答覆卻妙得發人深省。南泉沉默了一下，突然叫道：

「李翱！」

李翱很自然地回答道：

「在！」

南泉微笑的說：

「出來了。」

一個醒覺的人，他從許多經驗中成長，經驗沃長了他的智慧，而不是自己被經驗所束縛。在日常生活中，我們認為現在最好的意見，可能是下一次解決問題的障礙。我們認為最珍貴的情感，也可能是破壞下一次會心的障礙，唐朝佛光禪師說：

一片白雲橫谷口，
幾多歸鳥盡迷巢。

一片白雲也許很美，但能障蔽視線，使鳥兒迷失自己的歸路。

化傲慢為謙卑

對我相的強烈執著，使人變得自大，在待人處事上顯得傲慢和自我中心。

自大的人聽不到別人的意見，更得不到別人的諫言，最後自己走上剛愎自用的愚昧。傲慢就像為自己築了一個柵欄，把別人排除於自己之外，他永遠瞧不起別人，不尊重別人。

帶著輕視態度的傲慢者，總是頤指氣使的對別人講話。他往往低估別人，不尊重別人，所以在人際關係上不免有些孤立。另一方面，傲慢者只相信自己的判斷，而不相信別人的意見，於是，更顯得孤立無援，尤其是在大難來臨時，他們還是執迷不悟，步向失敗與死亡。

禪宗有一則故事，以非常精緻的寓言，說明傲慢者的墮落與無援。有一個人出門辦事，跋山涉水，經過一個險峻的懸崖。一不小心，掉落懸崖。在千鈞一髮之際，他抓住崖壁上的樹枝，懸盪在半空中。這時他求佛陀解救他：

「佛陀！求你慈悲救救我。」

佛陀告訴他說：

「我可以救你，但你必須先鬆開你的手！」

這個人一聽，心想著自己只要一鬆手就要掉下山谷，跌得粉身碎骨，怎能保得住自己的命呢？於是他始終抓緊樹枝不放，而佛陀也救不了他。這個寓言故事是說，當一個人老以為「自己」才是最好最可靠的時候，就會跌落在災難的深谷，連佛陀想營救他也沒有辦法。

傲慢的人總是卑視別人，老是看到別人的缺點，批評別人的過失，自己也就失去喜悅和氣的性情。禪者認為人最重要的就是謙卑，要放下自己比別人強的觀念。人如果生活在自我成長和超越上，便能不斷的精進，福慧增長；反之，如果生活在「我必須比別人強」的意識觀念裡，便會陷在自大和傲慢的煉獄之中。

傲慢者經不起挫折，更經不起別人的批評和責怪。他們很容易憤怒攻擊別人，以求自衛。攻擊有時是語言的，有時是暴力的，但他的情緒總是憤怒激昂，痛苦異常，禪家稱之為地獄。

從前有一位縣太爺去拜訪白隱禪師，請問地獄和天堂是否真實，並希望他能帶他去參觀地獄和極樂。白隱禪師立刻用最刻薄的話辱罵他。這位縣太爺被罵得大怒，手裡拿起木棍罵著追打白隱禪師。白隱跑到大殿木柱後面，對著面露凶相、從後追趕來的縣太爺說：

「你不是要我帶你參觀地獄嗎？你看，這就是地獄！」

這位縣太爺剎時恢復了覺性，察覺到自己的過失，急忙向白隱禪師道歉，流露出謙卑之情。這時白隱禪師又說：

「你看，這就是極樂世界。」

人若執著自己的我相，就會變得傲慢，那麼距離地獄也就不遠；反之，能以謙卑平直之心待人，天堂就在眼前。

化疑心為信心

疑心是指心理的不安全感，它使一個人習慣性地往壞處想，往消極面想，最後使自己陷入緊張與焦慮之中。「疑」本來是禪宗入道悟法的出發點：疑是懷疑，當我們對人生的究竟產生懷疑時，便為悟奠下基礎；當我們對事物發生懷疑時，便為發現事物的真相做了開端。這是禪宗重視懷疑的基本立場。但是，如果疑的對象是人，是自己的能力，對未來缺乏信心，心裡便開始不安。為了使疑成為一種建設性的能力，必須對人有信心，必須對自己有信心，必須對引導正等正覺的佛、法、僧三寶有信心。因此，透過懷疑而求真的求知歷程，必須建立在良好的信仰、信念和自信上。

一個缺乏自信、信人和信仰的人，在這裡我們稱為疑心，以別於參禪所謂的「疑」。疑心的人，通常自我強度較差。自我強度由三個因素所決定：第一是解決問題的能力。人如果平常能多學多做，有較多的生活經驗與磨練，見識閱歷多，解決問題的能力也就相對提高，對自己比較有信心。目前許多孩子，只在書本中學習成長，缺乏多方面生活經驗，即使功課很好，將來在成人生活上的適應，仍不免有困難。

其次是情緒習慣。有些人的情緒不穩定，或有習慣性的憂鬱，他們就會顯得怯弱，不容易發展出堅毅樂觀的意志和態度。情緒穩定而成熟的人，他們的心理生活相當安定，能夠冷靜地面對問題，以正確的態度去接納事實。

第三是對刺激的忍受能力。人是生活在一連串的刺激和反應之中。對於某些激烈或特異性的刺激，必須能從容應對，才不致激動不安，煩躁焦慮。這三個條件，是學習得來的，三者顯然與過去的生活習慣有關，要想培養較高的自我強度，還是要從現在學習才行。

自我強度高的人，通常比較樂觀積極，不容易被問題的複雜性和高難度所擊敗，所以表現得有耐力、有擔當和韌性。反之，自我強度差，就會變得脆弱，凡事也就優柔寡斷，焦慮不安。

克服自我強度不足的方法是信仰，有了正確的信仰，就能產生力量。佛教徒信仰佛，就可以得到佛的護祐；實踐佛法，從戒、定、慧三學中，培養好的學識和工作習慣，從規律的生活中，歷練沉穩和冷靜細密的思考，在多方面的學習中，孕育真正的工作能力和信心。禪者認為生活的最根本理則就是「信心不二，不二信心」。

禪宗和淨土宗的行者，一樣重視信、願、行三個生活妙訣。信心要建立在虔誠的信仰上，佛家所傳的「信」是正信，由正信培養積極向上的精進力量，努力去過實現的人生。

以上我們闡述了化煩惱為菩提的方法。《六祖壇經》上說：

一念覺，煩惱即菩提。

覺的心理歷程，若加以分析，可以分成兩個步驟：第一是放下執著，放下過去薰習得來的種種煩惱習性，心理障礙自然消失。第二是逍遙任運的去過生活。不肯放下執著的人，即使每天頌經禮佛，一樣不得見如來的堂奧，不能對著生命與實現報以會心的微笑。

唐朝百丈禪師有一位弟子叫古靈禪師，在悟道之後，憶起當時為他剃度的和尚，於是千里迢迢地回去他身旁，好引導這位老和尚悟道。有一天，老和尚洗澡，古靈禪師替他擦背，忽然拍拍老和尚的背說：

「好一座佛堂，可惜有佛不聖。」

老和尚聽了便回頭看看，古靈接著又說：

「佛雖不聖，還會放光。」

這段簡短的禪話，主要在點醒老和尚：人生最重要的不是空，而是自己。執著在空就等於投入另一個障礙一樣，看不到如如自在的佛性。再過不久，老和尚在窗下讀經，正好有一隻蒼蠅在紙窗上撞來撞去，飛不出去。於是古靈禪師又說：

空門不肯出，投窗也太癡，

百年鑽故紙，何日出頭時。

這在暗示老和尚，整天讀經，而未見性，不能過如如自在的實現生活，永遠也沒有個了期。這時老和尚似有所悉，便問他為什麼如此言行奇特。於是古靈禪師把他在百丈禪師那兒悟道的事告訴他。老和尚感動之下，請他上堂說法。古靈禪師上堂只說：

心性無染，本自圓成，
但離妄緣，即如如佛。

我們的心性只要脫離一切煩惱法的薰習，不要被貪、嗔、癡、慢、疑五毒所牽，那就能自然地流露出喜悅自在的生活，展現芳馨的生命蓮華。

柒

頓悟與參禪

好個安心法，
當陽妙不傳，
誰知潭底月，
元在屋頭天。

——宋・先禪師

悟是學禪的重要課題，它是見性發慧的契機。禪者所謂的悟，對一般學禪的人而言是神秘而不可及的。即使是學佛多年的老修禪，也多三緘其口，不願多費唇舌，所以悟這個禪學上重要的課題，就變得更神秘了。禪家不願多談禪悟主要有兩個理由：其一是悟沒有定法。它是般若的活動，沒有形式，沒有性狀，沒有色相，所以很難用語言來詮釋。悟一旦用公案來說明它，就受到限定，而變成以限定性的特例去解釋一個千變萬化的精神世界。另一方面，如果要對悟的意識活動歷程或現象加以闡述，則又非常花工夫，必須對《楞伽經》、《解深密經》、《唯識三十頌》、《唯識論》等有所了解，否則即使禪者為你做了解釋，也無從知曉。

禪者不願多談「悟是什麼」的第二個理由是「言語道斷，心行處滅」。悟是一個人在生活中發現圓滿的自處和回應之道。它是一種即知即行的能力，而不是知性的概念或知識。對於精神生活而言，知性的概念是沒有用的，知和行不能一致的知識只是一種虛幻。知識在處理一般的生活事務有用，但對於精神生活，則起不了大作用。你可以用許多科學的知識處理生產、市場和管理方面的問題，但卻很難用科學知識來使你快樂、歡喜和看透生命之道。

正因為如此，人們可能閱讀許多促進心情快樂的知識，但仍然不快樂。許多人都知道凡事不要緊張急躁，但總是無法自制；大家都曉得待人要寬厚，但是心地仍舊那麼狹隘。所以說，對精神生活而言，我們需要的是智慧，是從悟中所發出的即知即行的能力。

禪者不希望他的弟子只接觸知識，而是要弟子進一步去發慧，要有實際開悟的能力，才能圓融適應多變化的人生。禪家認為，在精神生活上花時間去討論，跟說食不飽一樣沒有用。我們不難了解，現代人都知道四維八德是什麼意思，國民中小學生也都會背：禮是規規矩矩的態度，義是正正當當的行為，廉是清清白白的辨別，恥是切切實實的覺悟；把它記誦在心，考試時也都會寫，但是社會上卻普遍存在著不守法、不相互尊重和缺乏公德的現象。這是為什麼呢?那是因為他沒有悟，不能夠真正「箸乎心，布乎四體，行乎動靜」。禪家認為，由慮而知和由思而解的知性化概念，都是「鬼家活計」，不能使人在精神生活上走上光明之道。所以禪者認為「言語道斷，心行處滅」，語言所傳遞的東西，在精神生活上，不容易達到真正改變氣質、解脫煩惱和得大自在的目的。

禪家所以強調「不立文字，直指人心，見性成佛」，顯然不是因為禪悟的神秘不可測，而是悟這件事情，無關文字，它是一種內在自發的自我省悟過程。因此，悟不是知性的講解所能心領神會，而是自己從世事無常和如何才是圓滿的精神生活等「疑情」開始，經常參契，日日參契，積小悟為大悟，由大悟而徹悟，從而度脫一切煩惱障和所知障，展現如如自在的生活。

然而，我們畢竟要問，禪者是否就不使用語言文字呢？其實不然，否則中國禪宗為什麼會留下偌多的典籍文獻呢？關於這個問題，我們應該有一個正確的認識：禪的基本理論是需要知曉的，但是悟卻要超越知曉或理解。對禪的認識可以使用語言文字，但是證入禪的個中堂奧，則靠自己身體力行。當然，要悟入禪的世界，發現妙悅純淨的精神法界，必須對它有基本的認識，然後，依照這個藍圖，去發現屬於自己的寶藏。說明禪的基本概念，禪者稱它叫「假立名相」，它不是禪的本身。禪要從假立的名相和解說中去努力，去自悟自度，而不是停留在知解之中，成為討論的文字「戲論」。

在禪的實踐歷程中，「戲論」是絕對要避免的，所以經上說要「善滅諸戲論」，要做到「離言」，才能看入「法性」。《解深密經》上說：

聖者以聖智聖見，
離名言，
故現正等覺。

於是，我們要很謹慎地去了解禪悟是什麼，同時要時時提醒自己，所接觸的只是名相文字。我們即使完全的理解和牢記在腦子裡，也只是一個虛幻的知性作用。它不是禪悟的本身。我們不能把圖片當實際的東西，不能把藍圖當實在。

有了以上基本認識，現在我們要從禪的有關文獻中去掌握，去勾畫出參悟的藍圖和方位。本章接下來即說明悟的主體、悟的本質和悟的法門。

悟的主體

禪是人類高層次的心智活動所發展開來的精神生活。它不是知識，很難從學習某些教材中獲得；它是內在的省發作用，就像拉開窗簾看到青山綠野一樣，必須親自去看。星雲大師說：

禪是悟的，不是學的；
知識可以學，禪不可以學；
禪悟是從自然中流露的。

既然禪是悟的，那麼就要自己來悟，這便是「自悟自度」了。自悟一定有一個悟的本體——自己。因此認識自己似乎就是學禪的起點行為，同時也是終點目標。悟由自己出發，清醒地看到自己。他發現自己與周遭環境的微妙關係，自己與色身之間的關係。這微妙的關係，就像後者看清了前者，然後發現誰是主，誰是客，而主客又親切地「不二」（不發生疏離感）。這意味著一個「如如的自己」（如來）的誕生，這如如的自己，既是悟者自己，又是透過悟而看到的自己。這正是洞山禪師在渡船看到了自己的倒影，而恍然大悟倒影並不是真正的自己，真正的自己是「正在看那個倒影的人」。

對生命的徹悟，必須由自己親自體驗，不可能假手他人。知性的了解並不能帶來徹悟，因為那只是一個知性的概念。禪宗有一則故事說，唐朝的香嚴原先與溈山同師百丈禪師。後來百丈圓寂了，香嚴還沒有悟道，便追隨溈山為師。有一天，溈山對香嚴說：

「你到現在還沒有悟道，生死事大，你要自悟自度才行。現在請告訴我，在父母未生前你是什麼？」

香嚴茫然不知所對。他回到房裡，找遍經典，找不出個答案。於是他很感慨的說：

「畫餅是不能充飢的。」

他曾屢次去請溈山指點這個答案，說破這精神世界的秘密，但是溈山總是告訴他說：

「如果現在我為你說破，將來你一定會罵我。無論如何，我所說的是我的開悟，跟你又有什麼關係呢？」

對的，溈山的開悟並不是香嚴的開悟，溈山的生命實現不是香嚴的實現。這時，香嚴失望極了，他想到自己可能與禪無緣，於是拜別了溈山，想當一位四處化緣的乞食僧。有一天，他行腳路過南陽，便在慧忠國師的遺蹟住下來。他耕作鋤草之間，偶爾拋了一塊瓦礫，擊中了竹子，發出清脆的聲響。他在親聞音聲之間，恍然大悟。於是沐浴更衣，遙拜溈山說：

「師父啊！你的恩勝過父母，如果當時你為我說破那個秘密，我哪有今天呢？」

香嚴用他自己去聽、去看、去品啜生命實現的喜悅。他所看到的正是禪家所謂：

諸法從本來，
常自寂滅相，
春至百花開，
黃鶯啼柳上。

生命就像花朵一樣，只有綻放著自己本有的特質才美，才有屬於自己的芳香。造作地灑上香水，不但破壞了原有自然，而且還否定自己獨一無二的尊貴資質。所以，洞山禪師提醒我們：

切忌從他覓，
迢迢與我疏。

造作與貪婪的追求會使自己迷失，偏離常道，走上歧路。人只有透過肯定性，放下一切偽裝和佔有，才能真正看到了自己。

每一個人都有一個我相（自我概念），那就是自己的影子。它從別人對自己的態度中歸納而來，從外界對自己的褒貶中投影而來，從自己跟別人比較中顯露出來。影子雖然不是自己，但只要活著一天，影子卻永遠跟著自己。所以，你要認清它，它畢竟不是你，千萬不要因為陽光下有自己鮮明的影子而自鳴得意，也不必因為陰雨看不到自己的影子而黯然難過。當你看出這一點時，便容易看到真正的自己。

人們為了尊嚴，才開始造作，爭權奪利，並為自己戴上假面具。為了維護尊嚴，才有了報復、憤怒和集體屠殺。尊嚴似乎是美好的我相，但是為了這個影子，人們不但喪失了快樂，而且招致無盡的苦痛與災難。人不是不可以有尊嚴，只是刻意去追求它時，尊嚴也就掃地。

追求成功和利益是我相的本質，維護名譽和權威是我相的作用。絕大部分的人都想佔上風，都要追逐別人的掌聲，都希望獲得大家的喝采，甚至希望名留青史，掌握大局。勝利的幻影促成了野心，以強者自許導致自我迷戀，這就是人類的罪業和苦難的根源。

追求被愛和撫慰是自我迷戀的一種我相。人如果一味追求被關愛，自己就會愈來愈懦弱而振作不起來。追求被愛而不能愛人，將使自己的心智退化，終致喪失了醒覺的能力。關愛別人是健康的人格所散發出來的能力，禪者稱它為慈悲。人唯有解脫自戀性的我相，才能使自己安穩成熟，產生慈悲心，能給別人快樂，拔除別人的苦難。追求被呵護的結果，使自己更覺渺小，心智不斷的萎縮。不過，每一個孩子都需要足夠的愛與安全感，才可能接受生活的歷練，在心智上不斷成長，從而發展出關愛別人的能力。

悟就是要從自我中心（我相）、對別人的偏見（人相）、不合理的抱負水準（眾生相）和錯把人生當做永恆（壽者相）中解脫出來，看清生活的本質，更看到「那一朝風月」的生命，只是曇花一現。而人生之美就在那「一現」所賦予的豐富意義。它的意義在於生之實現，而不在「我」的執著。執著反而破壞了生活妙悅。

悟的主體是自己的心，就是正在生活的自己。悟的結果是從色相的執著中解脫出來，睜開法眼，看到生命的究竟和生活的本質，也看到真正的自己。禪者所謂「大死一番再活現成」便是悟的最好寫照。

悟的本質

在佛家的眼裡，一切有情眾生，無始以來一直生存在因果輪迴當中。一切現象界的東西，也都脫離不了因果循環的鎖鏈。因此，禪家認為禪的本質是「不昧因果」，而不是「不墮因果」。我們必須認清一切存在都是因果，一切色相是因果，一切智慧也是因果。所以佛陀說「因果不可思議」。能看清因果，能不昧於因果就是醒覺，就是成佛。看不清因果，被因果所牽，那就是迷惑。被因果所牽即執著於色相，結果便是造業。所以佛陀又說「業力不可思議」。

每一個人的自身就是因果的最好證據。每一個人各有不同的業力和因緣而受身、成長、受教育，各有不同的親屬和朋友等等，這都是因果的產物。連自己對自己的看法、對別人的看法也都是因果的產物。

我們的一生一直要接受過去既成之因的牽動，而許多因是無從掌握的。比如說每一個人生下來的遺傳不同，環境不同，便造成在體能、智慧、能力、興趣和煩惱上的不同。在這種既成事實的情況下，每個人的因果和業力必須自己去承擔、去接納。如果有什麼不如意的地方，必須心甘情願地接納它，不要去逃避它。要懂得「不昧因果」，才能解脫那個業力，才有成功的人生。達摩所說的「報怨行」，便是勸人接納自己的種種業報，把業報當做生活的素材，轉識成智，變成了實現生活的內容。對於一個苦難的人，如果肯去承擔，含辛茹苦，他必然得到解脫，成就正等正覺。

人的一生，是由許多因果鎖鏈構成的現象。過去的動機是現在行動的因，下一步狀況是現在行動的果。知識和理念的本身也是因果，學術上的學理是事相的因果關係，情感的現象是人際互動的因果關係，理性的活動是知識對知識的因果關係，邏輯的觀念是事相演變的因果關係。於是生活的本質及精神生活的提升，就在於看出因果，而不是離開因果。當我們看到某一因果關係時，我們有了悟；人類有悟才有倫理，才有科學，才有哲學，才有美感，才有宗教，才有圓滿的人生。

悟是一個不斷看出因果關係的過程。科學家在自己的研究領域看出因果，就有新的發現；個人在日常生活中，看到自己成敗的因果，就能改正錯誤，轉敗為勝。在生活上時時醒覺，看出因果關係，才能不斷提升自己，邁向成功的人生。所以看出因果關係就是悟，悟的本質就是看出因果。因此，佛家所說的「一切智」就是看出一切事相的因果，所以能「正偏知」。

現在有一個關鍵性的問題必須加以澄清：悟雖然是看出因果，但未必就能不墮因果，而起心造業，於是禪者有了第二層次的悟：勘破那因果的色相。禪者認為因果的緣生只是一個表象，而不是一個真正的本體，這正如《中觀論》上所說「因緣所生法，我說即是空」，所有的色相都不是本體。

因果事實上只是表象的，所以經典上稱做「戲論」。我們不能把戲論當真實，因此，每一個人都應看透自己周遭的因果戲論。看清自我意識或自我觀念，只是蒐集別人對自己的看法和反應的結果。它的「因」是別人對自己的反應和態度，「果」是採集別人對自己的觀感來當做自己。我們的自我意識只不過是因果緣生的「戲論」，它只不過是「真我」的影子而已。

如果我們以「法眼」去看那影子，你會發覺人生如戲。所謂自鳴得意、自卑消極、惶惶不安等等只不過是你自己的影子。或者說，現在的你正像在戲台上演戲的演員，你只是在扮演那個角色，而劇情中的喜、怒、哀、樂畢竟是戲，我們雖然要演好自己的角色，但它畢竟不是真正的自己。

生活就是扮演現在的角色，由於你能看出這是一場因果，一齣正在上演的戲，所以要高興地演好自己的角色。在表象世界裡，無處不是舞台。你要認清生活的關鍵是你要把那個角色演好，而不是要計較演什麼角色。演丑角未必比演皇帝不喜悅，在一齣戲裡，大明星通常演的是丑角或苦難的英雄，而不是演皇帝。

人不可能逃避因果的鎖鏈，但可以不昧於因果，從而承擔因果，過實現的生活，這時一切煩惱和障礙也就自然消失了。《六祖壇經》上說：

> 佛法以心傳心，
> 皆令自悟自解。

禪者從身心起悟，看清我相只是一個因緣的假合，而不是真正的自己。當真我能醒覺過來去看那個戲中的我時，自己有了覺悟。

禪悟必須配合參禪，因為上述的禪悟只是一個入門的淺悟而不是徹悟。一個禪者每天一有空，便提起話頭參禪，他參「那個扮演苦難角色的是誰」的話頭；他參「那個念佛的人是誰」的話頭；參「那個擁抱著煩惱不放的人是誰」的話頭。日子久了，他自然看到真正的自己，而不是擁有財富和聲名的自己，不是掌有權勢地位的自己，不是煩惱苦難的自己。這些因果色相被你看清了，看透了，你就看到自由自在的自己。

參禪不一定是禪坐參禪，而是行、住、坐、臥都可以參。得意時參「那個自鳴得意的是誰」，並照顧話頭（專注說這句話的源頭——自己），失敗時參「那個失敗落魄的是誰」，並照顧話頭；當你發現它只是一件戲服、一件外衣時，便不會被成功、權力、地位、財富沖昏了頭，也不會為一時的失敗、挫折、苦惱和憂傷而失望，你會更如實地過實現的生活。

悟是頓的，是剎時的發現；它必須配合漸修，漸修就是度。《六祖壇經》說「自悟自度」。悟是看清，度是行動，沒有行動的悟稱不上徹悟；自度就是六度，又稱為六波羅蜜，它的內涵包括布施（幫助別人、尊重別人、給別人喜悅都是布施）、持戒（好的生活格律）、忍辱（寬容）、精進（積極地努力）、禪定（不被境界色相所欺）、智慧（徹悟）。這六度漸修，究竟還是以徹悟為最終目標。

現在我們可以歸納出禪悟的過程是小悟─漸修─徹悟。這個過程是從迷到覺。迷時必須有禪師指點，悟時則由自己自悟自度。所以禪宗六祖慧能說：

迷時師度，
悟時自度。

佛陀在《涅槃經》上說：

一切眾生，
不因諸佛菩薩真善知識方便指授者，
終不能得；

若言自知者，

無有是處。

禪的傳心就是一個方便指授，它是佛陀在拈花微笑中傳遞給世人的。他所傳的就是打開每個人的「正法眼」，去看清自己的一切。打開法眼的是佛陀的指授，去看清因果鎖鏈的就是自己的悟性。

現代生活物慾的刺激很多，價值觀念紛歧，又是忙碌，又是競爭，一天到晚生活在緊張的氣氛之中。由於現代人普遍重視相互比較，彼此較勁，所以對色相的執著也就特別嚴重，久而久之，自己迷失了生活的方向卻不自知，一頭栽進權勢、名利和物慾的貪求。結果自己雖然衣食無虞，但是心裡頭卻非常貧窮，因為貪婪使他感受到匱乏，感受到精神生活上的徬徨、乏味和無奈。

於是，我們必須拭亮自己的法眼，用禪觀去勘破一切色相，看到真正的自己，看到那正在演戲的自己，然後才有所醒悟。這個醒悟，讓我們能真正接納自己，實現自己，過著喜悅自在的生活。

禪悟的法門

參禪是觸動自己開悟的方法。參禪就是觀，是從自己看自己，就在那跳出來看自己的剎那間，觀照到生命微笑的禪機。他看到「甚深」的精神層面，他看到真正的自己，也看清了自己旋入煩惱和苦悶的因果。他發現了一個事實：當自己執著在色相裡躍不出來時，就是迷失，就會產生腐蝕心靈和破壞心理正常運作的三種毒素——貪、嗔、癡三毒。它使自己頓失快樂，造成心理壓力和懼怕。

禪悟就是要看出這個人生最深妙的因果鏈，從因果鏈中解脫出來，不昧於因果，獲得心靈的自由。於是達到悟所必須的參禪法門，成為禪家重要的課題。參禪是要在日常生活之中，一有空便參禪，所以古人說：

行也參，坐也參，
語默動靜悉皆然。

在工作之餘可以參禪，在公共汽車上也可以參禪，在睡前、散步、靜坐中更好參禪。

參禪要從「疑情」開始，禪家說：

有疑便是禪，
無疑不名參。

有了疑情才能使自己從中看出究竟。疑情就是一個境，一個由因果所構成的境。參禪就是要從境中看出如如真我，從而解脫煩惱，看透色相的障礙。

從心理學上來看，要消除煩惱或破除色相的執著，需從煩惱的原因著手。無論所採用的方法是心理分析、認知治療、行為治療等等，莫不從消除煩惱的原因開始。這種心理療法有其一定的效果。禪顯然不同於心理學的治療法或拯救法，禪不去理會原因是什麼，或煩惱的性狀是什麼；禪的重點是人，在禪悟的過程中，人看清了自己，從色相的執著中走出來。這就是唐朝馬祖道一所指的：「馬車不走了，要打馬而不是打馬車。」

禪是單刀直入參透疑情，直截了當從紛亂的塵勞中走出來，從無明與煩惱中解脫出來。這正是荼陵郁和尚所謂：

今朝塵盡光生，
照破山河萬朵。

禪者認為生活是自己與境之間的互動作用，境包括外在的環境和內在的心境（情緒、情感等）。心理學在處理生活適應問題時，大抵從境的改變著手，這似乎是被動的。禪則不然，禪在於喚起一個人，從那個令人困擾的境中醒覺過來，走出來。所以禪是主動的，徹底的。

為引發人的醒悟，就必須面對疑情。疑情促動一個人對自己的尋思。禪家自從永明延壽禪師以後，就比較少參公案，而改參「念佛者是誰」，這就是疑情。參禪者先念兩三聲「阿彌陀佛」，然後參這一句「念佛者是誰」，只問念佛的那個，而不是左思右想去找答案；是要看到那念佛的人，那個源頭，究竟是誰。現在的自己是從因緣中形成，它只不過是被造物，是一個自己的影子，在看透那刻板僵化的意識、自我概念和偏見之後，看到自己從那深處走了出來，那就是我看到我。

當代禪宗大師白聖法師（一九八九年圓寂），在其所著《禪學方便譚》中寫下自己初學禪時，善知識的方便開示說：

「你們初發心的人，總是覺得疑情提不起，功夫用不上，毛病就在不能忘我。我今天來教授你們起疑情的方法。你們先將兩眼閉上，傾心聽我說，我說什麼，你們便想什麼，一一依我所說做去，保證你們立刻會用功夫：（少停）你們首先觀想自己的身體，已經生病死去了！（少停）已將你的屍首送到火葬場用火焚燒了！（少停）現在所剩餘的一些骨灰，又把它磨成微塵，被一陣大風吹散盡！（少停）你們現前什麼都沒有了，一物存在都不可得。正在此『一物都不可得』的時候，與我同聲念一句佛號：（少停）『阿彌陀佛』！這時，馬上『回光返照』，看『這念佛的』是什麼？（少停）你們的疑情有著落嗎？如有著落，就依此參究下去，這便是做功夫的入門處。」

白聖大師接著說：「當時聽到這裡，忽然疑情現前，身心雙忘，從此不再悲傷功夫之難用了。以上是初學起疑的方法，後來也依樣畫葫蘆，告訴給一般初學的同參，都認為很有效驗。這種起疑的方法，全是為初學的人而說。若功夫會用，根本就用不著這一套，只要在『念佛是誰』四個字參究就可。若功夫用得純熟一點，只要參『是誰』二字，疑情照樣提得起，及至功夫有進步時，只有一個『誰』字，也就夠你終身參究了。」

疑情使我們面臨一個追問「究竟」的問題。它引導自己看到自己，看清一個一切具足本來自在的自己：富裕增添不了它，貧窮減少不了它，名望不能使它光彩，低微不能對它貶抑；所有現象界的東西都僅是它的影子而已，都是它的戲裝，真正重要的是穿戲裝的那個自己。他具足一切而不屬於任何一切，那是一個圓滿的空「性」。這個空性是可以知會不可以證明，任何可以證明的東西都是形而下的影相。所以在佛學上稱做「證自證」，也就是說，如果一定要去證驗的話，那只好用空性來自證空性。它是心的最完美、最高層次的「本來面目」了。

醒覺使自己看到一切影相，看到自己的影子，也讓自己接觸到空性，所以醒覺就是悟入的「切口」。在這「切口」處我們看到了一邊是屬於影塵或影相的世間法，一邊則看入了永恆的空性。悟與覺是精神生活上得以圓滿的原因；它把世間法轉識成智，像蜜蜂採摘花蜜，而留下不受傷害的花朵，完成了釀蜜，而蜜並不屬於任何一朵花。當世間法與出世間法被覺悟銜接為不二門時，我們既看到妙有，也接觸到真空，這就是圓滿。

禪者所修持的空門是真空妙有的。禪者認為：固然世事無常，但是你不可能從世事之中分離出來，如果分離出來，那自己只是一邊而已，是殘缺的，非圓滿的。

禪者為了使人看清這一點，從而悟出生命的終究意義，便提出了「夢寤」參修法。唐朝司空本淨禪師說：

視生如在夢，
夢裡實是鬧，
忽覺萬事休，
還同睡時悟。

禪者認為，睡眠時做的夢固然是夢，白天的經驗也是另一種夢。當我們沉醉在睡夢時，我們的感覺、意識、情緒、情感，是那般歷歷如繪，它對於做夢者本身而言是絕對的真實，於是在這夢的世界裡，「我」感到喜、怒、哀、樂，覺得一切事情都是那麼真實，以致白天的一切世事，在睡夢中，相對地變成虛幻而不存在。換言之，當我們「存在」於睡夢時，世事的尊卑、貧富、貴賤、得失、利害都變得虛無，變得不存在了。

然而，當我們從睡夢中醒過來時，發現夢中栩栩如生的一切，都是虛幻。於是，我們會發現，兩者的本質都是夢，一切現象界的東西或心中的種種意識都是夢的一部分。這時，我們面臨著一個「疑情」：究竟是誰從睡眠的夢走出來投入世事的夢，又從世事之夢走到睡夢裡頭呢？你只要在這個時候念一聲「阿彌陀佛」，參究著是「誰在兩個世界裡跑來跑去呢？」這樣你會發現自己生活在夢中，一切喜、怒、哀、樂、貢高和我相都是夢。這時你變得有覺性，能看破色相。雖然你離不開色相的世界，但卻使自己不那麼執著，不那麼放不下心。其實解脫的意思，正是要從這裡悟脫的，無門和尚說：

青天白日，

夢中說夢，
捏怪捏怪，
誑謼一眾。

當自己能看出自己的心在夢中浮沉之時，自己會從「夢」中解脫出來。這時，雖然不能離開這個生活的大夢，但已不再那麼執著在夢的色相之中。自己的憂慮漸漸褪去，心理壓力和緊張漸漸泯除和調伏，恍然醒覺過來，看到寧靜的自己。這似乎無關乎貴賤，無關乎尊卑；這時，便有很好的覺性去生活得喜悅自在。他看到自己、皈依自己，那是開悟了。

開悟是在真空妙有中發生的，所以它並不神秘，不屬於玄不可測的神的世界，它就在我們的生活之中，在我們身、口、意的活動之中。當我們從「夢寤」的疑情中參透時，即刻感受到眼前一片的自由空間，無需息交絕遊，自然恬悅寧靜；即使生活在市井之中，同樣恬淡純樸。只有禪悟過的人，才可能在擾攘的世事中保持平靜；只有透過禪悟，才不致變成物慾的奴隸，從中覺醒過來當生活的主人。

捌 空與智慧

手把青秧插滿田，
低頭便見水中天，
身心清淨方為道，
退步原來是向前。

——宋・無德禪師

就佛學而言，當一個人把種種罣礙、塵勞和煩惱洗淨之後，自己的心智獲得自由，能做清醒的回應。那時般若放光，智慧也就出現。所以智慧的源頭是般若，般若即是佛性或如來藏。誠如《大涅槃經》上所說：

我者即如來藏義，一切眾生悉有佛性，即是我義；如是我義，從本以來常為無量煩惱所覆，是故眾生不得見。

當自己能從無量煩惱法中解脫出來時，才可能有大智慧。也就是說，當自己的心智不被物慾矇蔽，不被成見所障礙，不受情緒所干擾時，般若就流露著透徹的省察力，那就是智慧。

禪者認為智慧的發生是空與有兩個因素的作用，就好像人的雙手必須先把原來握住的東西放下（空），然後才可能拿起現在需要提動的東西。所以空與有的微妙關係是生活的最高智慧，人只有入於色相而不被色相所迷，才有智慧；讀一切書不被知識所縛，才有智慧；營利資財而不被利慾所役，才有智慧。所以叫「於相而離相」，叫「色不異空，空不異色」、「去來自由，心體無滯」。

禪的發展到溈仰宗的手裡，明確地劃分如來禪和祖師禪。如來禪修空，祖師禪修慧。這種真空妙有的心法，破除了心中的無明和障礙，流露真正如來慧性，過實現的生活。

智慧是沒有障礙的心力

般若的本質，依《大智度論》的解釋，般若是無相的，是無色的，是空相的，同時也是實性的。所以經上說：

菩薩摩訶薩行般若波羅蜜，
不見色生，不見色滅；
不見色受，不見色不受；
不見色垢，不見色淨；
不見色增，不見色減。

般若不屬於現象的東西，而是去認識現象的主體。它本身沒有色相，沒有形狀，也沒有思維的形式，所以是空的，是不增不減的，是沒有垢淨之分的。般若是遇到色相之後，才起種種作用；它是一種能，一種光明性。它在觸目遇緣中起妙用，所以馬祖道一說：「它一切具足，用起來非常方便。」

般若是空性的，所以在守空修定的時候，會變成「無記空」，心理世界就顯得一片寂黑，生活失去活力，失去喜悅自在的朝氣。相反的，如果我們生活在虛妄的慾念和執著之中，那麼就被這些虛妄和執著所障蔽，失去般若的光明本性；從而產生貪婪、瞋怒和愚癡的心理反應。於是「般若法門」就是無諍法，無諍法就是要蕩相遣執，要把一切執著放下，《宛陵錄》上說：

無心似鏡，與物無競；

無念是空，無物不容。

所有一切出世間法，都是為了破除執著，淨化自心，使般若能大放光明，孕育智慧和創造力。

為什麼破除執妄才能使般若智發揮其功能呢？因為執妄是一個人的偏見、成見、刻板印象和種種情染，在知性方面會形成所知障，在情性方面構成煩惱障，它矇蔽「般若」的功能，造成我們思想、感情、情緒的錯誤和痛苦。

現在我們以拉康（Jacques Lacan）結構主義心理分析學加以解釋。我們必須承認，每個人都是認識的主體。每一個人在與別人溝通交流時，總是先就對象加以想像，這時便產生了主觀的印象。我們的想像可能帶來好感，也可能帶來厭惡；可能產生偏見和成見，也可能造成錯誤的猜想。總之，人類的心理活動，第一件是想像那個認知或溝通的對象。然而想像與臆測永遠不是事實，而是一種虛幻，它可能會帶來懼怕不安，也可能帶來大意和疏忽。

接著，第二步的心理反應是想像自己的立場：它對自己是否有利？我安全嗎？別人對我的看法如何？會吃虧嗎？有道德嗎？當一個人想到這些，即刻為自己繪製了一張慾望圖和理想圖。這時開始有了得失，有了計較，有了強烈的追逐或逃避動機。

第三步才打開自己的感官去認清對象。然而，在經過前面兩個步驟，認識的主體所搜集的資訊必然是被扭曲的；兩個相互溝通的主體都通過了扭曲與折射向對方溝通，而有了許多虛幻印象和錯誤的認識。我們把這些扭曲稱做「色相」，那麼人與人之間的交往，注定是執著於色相了。交往一旦執著於色相，就沒有真正的會心和心靈的接觸，所以人與人之間是疏離的。

現在以念佛為例，我們念一聲「阿彌陀佛」，如果先想著阿彌陀佛可以保祐我賺錢，又想著自己渴求許多慾望，這樣自己與阿彌陀佛之間的真正「接觸」與「會心」就變得有障礙了。

我們平常居家和交友，情感溝通最為重要。溝通不是只有語言的交流，更重要的就是彼此真正的會心。以夫妻感情生活為例，如果太太心目中把先生想像成一位白馬王子，而自己又老是在等王子的溫情，那麼太太就會經常批評、抱怨和責備，說先生不了解自己，不體貼。先生如果把太太看成完美的賢妻良母，應無微不至的相夫教子，卻自認為是有男子氣概的大男人，需要太太的溫柔，那麼先生每天也在挑剔和不滿。這麼一來，兩個人就不可能會心，不可能有默契，所以吵架就多了。如果把這些虛幻的渴求移開，彼此接納，相互鼓勵、支持和愛護，兩個人也就親密融洽了。

所以禪家告訴我們：「平常心是道」，「平直心是道」。這無非是要我們放下成見，放下人與人之間的虛幻臆測，破除對色相的執著，才能與對方真正會心。這就是「無所住而生其心」的禪宗心傳了。

就我們放眼所及，如果沒有虛幻的障礙，自然會看得清楚，深悟其中的禪味。這時花草樹木都會變得美妙動人，你真能看到「一花一世界，一葉一菩提」，而體悟到「日日是好日，夜夜是春宵」了。

如果我們把對象的想像稱為人相或眾生相，把自己的想像與慾念稱為我相和壽者相，那麼放下四相之後的真我，就是禪家所謂的「脫底桶」，可以從這一邊直接看到那一邊，它是會心的，是直觀的，是當下即是、一切現成的。這時看到的就是實性的般若，也同時是無一切相的空性般若。所以《六祖壇經》上說：

世人妙性本空，
無有一法可得。

正因為般若是空性的，是無相的，在沒有成見、偏見和刻板印象的障礙下，必然可以如實地認知，如實地孕育情感，如實地應用自己的知性和感官，去認識一切，發現一切。因此，佛的十種稱號之中，如來（如實的本來面目）、正偏知（正確普遍真實的認識）、明行足（清楚覺知的實踐）、善逝（放下一切障礙）、世間解（了解世間一切現象）、調御丈夫（能做正確真實的回應）、佛（醒覺）等名號都在於表現般若的妙用。

般若產生了悟性和理性。頓悟對禪家而言是非常重要的，因為只有頓悟才能見性，徹悟才能成佛。悟是一個人從因果關係中超越出來，知道一切因果關係只是因緣假合的現象，只是表象世界，而不是真正的主體。因此透過悟可以使人不昧於因果，但不是不墮於因果。不墮因果顯然是斷滅或無記空，它等於否定生活，否定生命，否定認知，否定理性和醒覺。

談到這裡，我們不得不引用禪宗的一則公案。唐朝時百丈禪師上堂說法，總有一個不相識的老人跟著入堂聽法。有一天，百丈說法結束，老人徘徊不去。百丈問他是誰，他說：

「我不是人而是一隻狐狸，在過去迦葉佛的時代，我本來是山上的住持。當時，有一位學生問我：『是否修行很好的人不墮因果？』我告訴他說不墮因果。就這樣我便墮為狐狸身，到現在已長達五百世之久。現在請和尚慈悲指點，好解脫狐狸身。」

百丈便說，你要問我什麼？老人便說：

「修行很好的人還落因果嗎？」

百丈禪師告訴他說：

「是不昧於因果，而不是不墮因果。」

老人言下大悟，便向百丈禮拜說：

「我已解脫了狐狸身，就在後山，請你以亡僧的禮儀埋葬我。」

百丈便命令寺裡的總管典座宣布飯後送亡僧。飯後，百丈便帶著和尚們在後山的岩洞裡找出野狐的屍體，便以亡僧之禮火葬。

這個公案充分表達了「因果不可思議」。當一個人認為是不墮因果時，即刻墮入無記空的境況，走向虛無的斷滅，悟的能力即刻衰退。他看不出因果，智慧當然也大大的削減，最後終究要退化到野性的程度（狐狸），這時即使有所修行也是徒然的。學禪最重要的就是要自我醒覺，一顆醒覺的心便是禪，它具有聰慧的悟性，能「不昧於因果」，能看出一切現象的「如來」

面目，能發現生活的倫理、正確的人生目標和一切知識。

般若所綻放出來的悟性，如果不被所知障和煩惱障所矇蔽，便能在一切事物中看出因果關係，而產生認識邏輯、知識、概念和創造力。對一切對象之認識，都是透過一個簡單的理則——從悟性到因果關係的發現。

悟性並不是只有人類才有。認識因果關係的能力，連飛禽走獸乃至昆蟲類的低等動物都有，而且牠們所具備的悟性和人類的悟性在本質上是一樣的，都是在認識因果。唯一不同的是人類在因果之中，有了複雜的記憶，經過意識的歸納，建立了有系統的概念和知識體系，形成了一個特性——理性。禪家認為「含靈蠢動都有佛性」，這是正確的，因為佛性即是悟性。

理性即是悟性所衍生出來的抽象概念及運用這些觀念的法則。因此，理性只不過是悟性的妙用，而不是悟性的本身。即使是一般所謂的「智力」，也是悟性與環境作用，透過經驗影響後所產生的心理能力。

因此，所有的知識、概念、邏輯和理性，都是悟性的表象。表象就好像鏡裡頭的影像，它只是一個組合，一個「假」藉的色相，不是本體的悟性。表象即是色身，色身是無常的，有生滅的；悟性是法身，是能生萬法的。

當一個人的悟性受到障礙時，就是愚笨、迷失和執著。障礙可能來自情緒困擾、物慾的貪婪、自我中心、成見和偏見；也可能來自過去學習來的知識和概念等，但是表象並不絕對障礙悟性，表象所以會障礙悟性是因為執著。

禪者把表象和悟性（空性）這兩者看為一體之兩面，經上說：

色不異空，空不異色；

色即是空，空即是色。

生活的真正態度就是避免障礙，讓悟性能勘破色相，發揮功能，這樣就是般若智，就是平常心。

般若智不是用語言所能傳遞的，只要你開始用語言或任何符號傳遞，都會落入表象，流於知解。《六祖壇經》上說：

本性自有般若之智，自用智慧常觀照故，不假文字。

禪家說：

思而知，慮而解，是鬼家活計。

根據《大般若經》上記載，須菩提有一次問佛陀，什麼是菩薩的本義（句義），佛陀的回答是：

「沒有任何定義是菩薩定義。為什麼呢？正等正覺的般若性不可能用語言去定義，因為所敘述的語言只不過是表象，連我相也是表象，因此菩薩不能用文字來觸及它的本質。」

很明顯的，般若不是思考和文字的理解所能觸及的，它只有在平直心中綻放著它的悟性，在「無礙相中」才洩露「一切現成」和「一切具足」的禪機。般若無關語言文字，它只要一落言銓便屬於形而下的表象。它不是表象或色相，而是表象的本體。

般若的妙用是在放下障礙之後才出現的。所以它是「空性、無所有、不可得、不見有一法」。我們不禁要問，禪是否有「反知」傾向呢？依《大智度論》第一卷〈緣起論〉中所說，般若是無諍法。所謂無諍就是蕩相遣執，因此般若波羅蜜法是教人不要「取相著心起淨」，而導致執著、自我中心、刻板和執迷於色相，造成所知障和煩惱障。因此，禪顯然不違背世間法，因為脫離了世間法，將無異於無記空，而導致生活上的全盤否定。大乘菩薩法門所標榜的「無緣大慈，同體大悲」的襟懷將完全落空，生命成為死寂的斷滅相。因此，禪與現代科技文明是不衝突的；它的空觀和無諍法的蕩相遣執，將有助於現代人的獨立思考和求真的態度。

空性和創造力

空是禪法中關鍵性的一環，它的本義不是沒有或空無，而是心智活動上的釐清過程。我們的心智活動，透過空的洗濯變得更清楚；我們的情感和態度，經過空的澄清而發出清醒的感受性；我們的人生觀因為空的澄淨，而變得更灑脫自在。根據《大般若經》的記載，有一天佛陀答覆舍利弗之問說：

「舍利弗！菩薩摩訶薩想要保持，不被感官所欺（內空），不被色相所矇蔽（外空），不被內心的刻板印象或知見所囿（內外空），不受『空』的觀念束縛（空空），不被一切現象所欺（大空），放下求佛成佛的觀念（第一義空），放下造作（有為空），連不造作的觀念也要放下（無為空），連畢竟或絕對的觀念也沒有（畢竟空），放下宇宙人生無始的觀念（無始空），放下人生只是四大假合終究要分散的觀念（散空），沒有什麼自性可言，如果有那就是空性的實性（生空），自我觀念是經驗的產物，不是本來具有的（自性空），一切法都無可得（諸法空），連不可得的觀念也不能有（不可得空），拋棄一切無定則的觀念（無法空），放下一切有定則的觀念（有法有法空），把無法和有法的觀念統統放下（無法有法空），都應當學般若波羅蜜。」

這十八空加以歸納，便不難了解空與般若分不開。很明顯的，佛陀所說的空有兩個層面。首先，空是一切現象的本質。現象是因緣和合形成的，所以不是永恆的「物自體」，而是隨境牽流的生滅法。色相離不開生、住、異、滅，它不是恆常的東西。不但現象界如此，連我們的概念、知識、情感、理性、思考方式等等都一樣。

固然我們生活在此刻的情境，我們在某一時空條件下，用悟性察覺到一些因果關係，建立了觀念、知識和理性，但是這些東西只是隨緣發生，畢竟不是永恆的，只要下一個時空出現時，前一個時空所得到的就失去適應性。因此，人類在使用既有的知識、成見、偏見和情感，去解答新遭遇的問題時，反而成為智慧的障礙，所以佛陀提出的第二個空的本質是「勘破一切法」。從這些有法中解脫出來，才能保持醒覺，讓自性般若綻放它的悟性和智慧，而悟性與慧性在面對新情境時便能生萬法。於是，空成為能生萬法的條件。

《六祖壇經》上說：

> 自性（般若）能含萬法是大（大即空義），萬法在諸人性中。

現代心理學對創造力的研究，發現影響創造力的原因有二：其一是非理性的因素，比如說一個人有了情緒上的障礙、過度的防衛、忙碌和緊張等等，都會影響創造力的開展。另一方面，過度的學習、執著在過去所學的觀念，往往壓抑創造力。創造是在開放的心理狀態下進行，人必須在沒有成見和壓抑之下才能創造。正因為如此，創造者必然要受「空」的洗濯。空使「般若」自性得以發揮，悟性從而彰顯它的功能，一種醒覺與好奇的心情，一種心靈的自由和遐思，啟開人類最珍貴的智慧，而心靈之自由和天真的好奇卻是現成的。

般若是在「真空妙有」中顯露出光明的智慧。析言之，沒有現在的「悟法」就衍生不出來智慧和理性，沒有擺脫對一切法（知識、概念、原理乃至成見、偏見、心理防衛機制等）的執著，便會障蔽般若，而產生不了悟性。所以智慧與醒覺是建立在不斷的解脫和不斷的成長之中。唐朝牛頭禪師在《心銘》中說：

一心有滯，
諸法不通。

人類愚昧的來源就是「放不下」。壅塞使人頑固，「放不下」使心智變為殘廢。當一個人的雙手緊緊握著東西時，他就不再能做事了；當他的思想被成見、偏見、情緒困擾或慾望所填滿時，他就會變得愚笨無知。所以空即是禪法，透過空的實踐才能「去來自爾」、「靈通應物」。

空的第三個本質是指般若實性。佛陀唯恐弟子們把空誤以為守空修定，造成斷滅，形同枯木死灰，則又執著在空法裡頭，所以要做到「空空」：要從空之中解脫出來，這就是「定慧等持」的禪法。《六祖壇經》上說：

第一莫著空，
若空心靜坐，
即著無記空。

禪的宗旨是醒發自性般若，不是空心靜坐，百物不思，而是要「用自真如性，以智慧觀照，於一切法不取（執著）不捨（無記空）」。人唯有在不執著時才有慧性，只有面對生命去過實現的生活時，般若才大放光明，而人生才有圓滿和自在。

空的本質經過以上闡述，我們不難體驗到三種意義：

●就現象界而言，一切色相都是因緣的假合，而不是本體，所以是無常生滅的，它終究是空，我們必須認清這個事實。

●就禪法而言，空是放下或勘破心理障礙，把所知障和煩惱障放下來，悟性自然呈現。

●空是般若的本質，它不屬於善，也不屬於惡，不屬於淨，也不屬於不淨，它是形而上的，是智慧的本體。所有的認知、理性、推理，乃至倫理道德及一切佛法都是般若的妙用，所以說「般若性空能生萬法」。

照這麼說來，禪宗早期印心的經典《楞伽經》所說的三無性與般若空性是相通的。三無性是指三個空性，即相無性（一切色相是因緣形成的，非本來就有色相之性）、生無性（一切知識、慾望、理想和自我意識的活動不是本來就有的，而是悟性所產生的）、勝義無性（證得究竟圓滿實性也是自己思想的結果，事實上，般若自性是本來具足的）。三者和《大般若經》所說，有異曲同工之妙。

空性與慧性

般若即是佛性，它是空性的。它本身沒有成見、定見和執著，所以能隨機應緣孕育智慧，產生種種認知、判斷和真見，所以叫做「具足一切法」。般若能在觸目遇緣中生萬法，但它的慧性卻很容易被自己所生的萬法所障蔽。障蔽般若的東西正是它自己所產生的知識、情感、情緒和善惡觀念，乃至心理防衛機制。

人類因般若而產生文明，而人類被文明的色相與成見所障礙，結果又迷失在文明裡頭，人類始終逃脫不了這個悲劇性的鏈帶。就拿現代科技文明來說，人類創造了科技和工商社會，滿足了自己的物質生活，開拓了自由經濟和民主的社會，但是科技的客觀實證觀念卻障蔽了主觀覺悟的屬靈生活，造成屬靈生活的空虛。價值中立論則在倫理學上造成空虛與無能，自由財產的囤積與競爭，使人類變得貪婪，心理上更覺得匱乏和不安，因不斷追求和縱慾，導致嚴重的壓力。至於民主與自由，則使許多人昧於了解自己、接納自己，終日看著別人的成就眼紅，因而產生嫉恨；而無知和自私把自由解釋為自我中心和狂妄。看來般若反應在生活上所做的努力和成就，都要障礙般若本身的光明，而導致迷失，帶來無盡的煩惱。這就是悲觀的、苦難的人生。

反之，如果我們採取逃避的遁世態度，是不是就能使般若放光，求得真正的喜悅和圓滿呢？遁世否定了人生，它使我們生活得愚昧無知，甚至要挨飢餓之苦。身體的困乏尚可以忍受，面對冥闇和缺乏生機的精神生活，將使自己更加愚昧，哪有光明悅樂可言呢？

現在我們不難了解佛陀為什麼說人生是苦的，是無常的，是空虛的。因為人類的精神生活一直處於一個矛盾的鎖鏈之中。於是，佛陀提出解開這條鎖鏈之道，而禪正是這個道上的明燈。

禪提出明確的法門——無。用否定的態度去看一切相，用肯定的態度去生平直心。禪告訴我們，不能走向斷滅，而要走回世間法，要在世間法中「成一切法，離一切法」；創造一切事功，離開一切事功；學一切知識學問，離一切知識學問。這就是般若行，就是禪家所標榜的「無」門。

禪告訴我們，要自然地投入生活，讓般若性大放光明，成就一切法，實現自己的潛能，布施給社會，這就是福德。透過生活的實現，成就世間種種事業，使自己和同胞乃至一切眾生的生活都得到改善。同時要般若放光，破一切色相，毀一切執著，不斷從自己的我相、認知、情緒和情感等煩惱法中解脫出來，那就是功德。它讓我們保持慧性和清醒，使我們有能力去布施，去淨化自己，這就是「見自本性」的生活。這一來，實現的生活等於淨化了業力，把潛能和能力化為布施。實現是喜悅的，解脫是清淨的；當我們生活在「真空妙有」時，才能證驗到「無所住而生其心」的佛心。

一個人可能為了服務社會而發心工作，這使他的智慧大放光明，而有所成就。等到他功成名就、權力在握時，便執著在權力裡頭，於是障礙了般若慧性，變得愚迷無知，其成就又復毀於一旦，這就是事業興衰的生命史：眼看他平地起高樓，眼看他樓倒塌。

每一個政權和王朝，每一個文明和朝代都很難跳出這個沒有智慧的陷阱。禪則告訴我們，要在平常心和平直心中去運作，因為它沒有障礙，可以看得清楚。障礙智慧最嚴重的是自己內心已有的成見、私心、自負和心理防衛機制（這就是自性眾生）。要想維持般若智的光明性，必須認清自心眾生，放下它，淨化它，保持清淨的心理環境，才能透露光明的智慧。六祖慧能說：

吾今教汝識自性眾生，
見自心佛性（般若性），
欲求見佛，但識眾生，
只為眾生迷佛，非是佛迷眾生。

自古以來，禪家所傳之心，即是不被眾生心所迷惑的真心，也稱為無心。如果「有」可傳之心，就會造成執著，把它定義化和刻板化，奉為圭臬，而壓抑般若之慧性，故《宛陵錄》裴休記黃檗傳心法要偈云：

心不可傳，以契為傳；
心不可見，以無為見。

禪家講一切現成，人就在日常生活中活用著佛性般若，沒有心外的佛可以成就，要成佛就得「即心即佛，佛即無生（不生眾生心），直下便是，勿求勿營」。

我們已把般若智做了解釋。現在要進一步對般若智的內涵加以分析。什麼是般若智呢？簡單的說，它即是道慧，也就是生活的智慧。根據《大般若經》的說法，道慧應可分成三個部分：即以「一切智」觀空，息滅一切煩惱，是為慧眼；以「道種智」觀假，依法修行，是為法眼；以「一切種智」觀中，覺醒地生活，是為佛眼。這三觀實際上是合為一觀，也就是說勘破一切色相塵勞的執著，破一切煩惱，放下一切執著，就能發一切智；依自己的根性因緣轉識成智，就是道種智；圓滿的實現生活與解脫，就是一切種智。

禪家將三者融合為一，既是修定修淨，也發慧過實現的生活。在頓悟法門中，破煩惱和立萬種行是在「見性」時同時具現，所以《六祖壇經》上說：

自性若悟，眾生是佛；
自性若迷，佛是眾生。

成佛之道必須經過淨化破相的「空」，再實踐六波羅蜜的「假」，而入於見性成佛的「中」。這三個步驟可以同時進行，那就是禪行，也就是生活的智慧。現在我們把這觀念加以分析：

- 心裡的概念和意識，都是「眾生」或表象，它直接影響智慧和認知活動；即使正在使用的知識和觀念，或現在享有的名利，都會形成障礙，所以要保持清淨心，不能迷而生執，障礙了般若的空性，而影響智慧的開展。
- 工作就是修行，事業就是道場，無時無刻不是在實現自己，無時不透過六波羅蜜（布施、持戒、忍辱、精進、禪定、智慧），把業力轉識成智，使生活過得充實喜悅。
- 不執著在自己的成就，不在慾望上迷失；在成就與布施的同時，看出人生像一齣戲。你把戲演好了之後，就要悠然地離開。

般若是在放下一切知識、理念、情感及色相之刻板印象和執著之後，才發出它的悟性與慧性。因此，空就是放下，就是清除心中的虛妄和煩惱；把心裡頭的障礙清除了，就如同萬里長空，陽光就可以照亮一切美好的景物。如果我們能夠把一切成就跟別人分享，把一切成就看做是如來的「表象」，不執迷在色相之中，便得能「自證」而見如來。《六祖壇經》中說：

前念不生即心，
後念不滅即佛，
成一切相即心，
離一切相即佛。

「前念不生」是指淨化自己，掃除種種虛幻的障礙，真正接納自己。「後念不滅」是指肯定自己，依自己根性因緣，好好去過實現的生活。「成一切相」是實現生活的種種成就，「離一切相」則要把自己的成就與別人分享，從表象中解脫出來，不被物慾色相所迷，歸於空性的清淨，那即是如如實實的般若實性；它的放光照亮了人生，它的精神法體參契永恆。六祖慧能說：

即心名慧，即佛乃定，
定慧等持，意中清淨，

悟此法門，由汝習性，
用本無生，雙修是正。

生活的真諦就是放下一切虛幻的障礙、不合理的抱負水準，不模仿別人，不嫉羨別人，好好接納自己，根據自己的根性因緣實現自己。同時，要用清醒的生活態度和自由的心智，體驗生活的意義，發現精神生活的永恆之美。

在禪的法眼裡，生命的生老病死只是一種現象，在現象的背後就是如如的般若佛性。我們用它來分辨現象，處理生活上所遭遇的問題，來肯定「人身難得」，來讚嘆歡喜這「一朝風月」。但是，當我們被種種色相和情染煩惱所縛的時候，般若之光就好像被層層的濃雲所障蔽，我們會失去光明，失去溫暖，失去一切生機，代之而來的是冷漠、死氣沉沉、絕望和苦悶。

般若是生命的光，必須在你放下競爭、對立、執著和貪婪時，才能看到它的光芒。它引發一個人產生悟性，孕育智慧，去實現活潑的生活。這時，他看到生命的花正在微笑，並悟入永恆精神世界之美。

玖

在見性中實現生活

雲月是同，
溪山各異，
萬福萬福，
是一是二。

——宋．無門和尚

禪的本質是示導見性。禪家說「見性成佛」，見性是真我的自然流露，不是凡我的放縱與浪漫。禪的發展到唐代滑臺大雲寺定宗旨之後，南宗的見性法門成為禪的正統。南宗融會了原有以《楞伽經》印心的唯識門和《金剛經》的般若門，把空和有的價值體系，完全融會於無形；在蕩相遣執和轉識成智之間，悟出一條新的路，那就是見性。因此，禪門不再是守空修定，而是淨心發慧；不再是狹隘的宗教修行，而是回歸到生活的實現本身。

禪是講究般若智的，它重視生活的創造性和活潑性。禪不是刻板的傳述佛理，而是生動的、清醒的去過恬淡妙悅的生活。

禪在唐宋之間，有了蓬勃的發展，呈現了五宗二派。如果把各個禪林的風格加以比較，其宗風和心智的啟迪方法很少看到雷同之處。幾乎每一位禪者都是創新的，都是特別的、唯一的。所以禪的教誡不是一成不變，而是要投注於活生生的生活之中，建立活潑的教法。

禪的宗旨是直心任運，自由自在，縱橫盡得。即使後來發展到機鋒棒喝、呵佛罵祖的境地，仍不失它穎悟的原味。每一個禪者，所傳遞的是清澄的智慧。他們的「教法」無非是要人在淨心中流露出自己的純真，那就是見性。

中國禪的根本經典《六祖壇經》上記載：

唯論見性，不論禪定解脫。

見性是徹底醒覺的基礎。見性對現代人而言是重要的，因為它可以引發現代人在意識上的轉變。特別是在價值觀念紛歧、生活緊張的社會裡，見性法門可促動一個人的自我統整，並回歸到生活的本身。

禪有助於一個人認識自己，接納自己。它能促進自己所想的和實際做的之間的統整，避免知與行發生割裂，免除感情和理智分家的危險。人最忌諱被劈裂成兩半，變成疏離性的性格，這樣就會充滿矛盾。而禪家所謂的見性，就是促進我們人格中「自我」的成長，提高自我的強度，使它具有堅韌性和回應力。

心理分析學家佛洛姆說：「禪能如是的、客觀的去看人，除了覺者之外，並沒有別的力量能做為我們生活的指引。因為每個人的內在世界，都有醒覺和開悟的能力。」禪者所奉行的心傳是「自悟自度」的醒覺，人只有見性，開啟內在的穎悟和光明性，才能生活得自在，才能從種種迷信和虛幻中解脫出來，淨化自己，認清自己，實現自己。六祖慧能說：

內外不住，去來自由，
去除執心，通達無礙，
能修此行與般若經本無差別。

禪的見性法門就是要一個人生活得無礙，不讓自己屈從慾望的驅使，而要覺悟過來，成為生活的主人。見性的主要內涵可以從以下幾個方向做完整的把握。

無念與無相

見性是一種無相、無念的意識活動。現在我們要透過心理分析學理論來分析無相和無念的意義。

心理分析學自佛洛伊德（S. Freud）以來，就將心理的意識內容分為意識（conscious）、前意識（preconscious）和潛意識（unconscious）。所謂意識是由個人所知曉的心智內容組成。它與前意識和潛意識內容比起來，在分量上少得很多。意識的內容不斷在改變，有些從感官中輸入，大部分則從底層升上來。因此，意識往往受潛意識所干擾。

前意識的素材，透過聯想便可浮升到意識層面，它是人類記憶的根源。如果前意識受到壓抑（repression），有了障礙，便無法浮升到意識層面，而成為潛意識的一部分。它會改頭換面，在不經意中出現，致干擾意識的正常運作，造成許多情緒問題、偏見與執著、煩惱與焦慮，甚至精神生活失常。

壓抑和權威性的良心（按：良心的意義不同於良知）所主持的檢查系統有密不可分的關係。它是一個人接受文化、輿論、宗教的權威和嚴格訓誡，伴隨著懼怕和威脅，所建立的一套生活規範與觀念。它們連同絕對的權威，經過內在化作用而形成根深柢固的良心。它成為行動和意識活動的「檢查站」。是心理世界的警察系統，心理一旦有了不合教條或規範的意念，就不假思索把它壓制下去。必要的時候，它有足夠的力量，把那些不見容的意識壓抑到潛意識裡頭去。這種壓抑的後果，將導致意識活動上的障礙。它產生情緒性的「煩惱障」和認知上的「所知障」。

壓抑違反了人類理性和認知的過程，因為壓抑的素材並沒有得到淨化，沒有得到理解，只是囫圇吞棗地把它壓抑下去，所以會成為心智的障礙。比如說，孝順是我國固有的美德，它應該建立在良知上，建立在理性與情性上，表現於父義、母慈、兄友、弟恭、子孝的整體性上。孝順是親子間和諧的關係，是互相交流所建立起來的溫暖、情感、慈愛和理性。但是，倘若父母以嚴苛和凶暴的態度對待孩子，而孩子又懼於文化輿論和父親的權威，必須唯命是從，於是在孩子的心中建立了權威的良心，把自己的意見壓抑下去，沒有溝通的機會，久而久之壓抑到潛意識的內容，就會成為焦慮的情緒、暴躁的衝動或偏執的態度。它破壞了情緒的平衡，而成為一切煩惱的根源。

另一方面，權威性的良心強制自己唯命是從，其理性的開展也受到障礙。權威性的良心過強的人，不但不容易接納別人的意見，也失去平心思考的慧性。他們往往以過去所接受的刻板知見去判斷，所以是著相的，是成見的，是愚迷的。因此，透過權威良心所建立的意識會障礙菩提自性的自然開展，成為所知障。

透過權威所建立的良心，只能產生「分別心」，而不能見性發慧，處理生活上的事事物物。它使一個人陷入是非圈裡頭，以已有的價值觀念去挑剔別人或責備自己，起了偏見和成見之念，如果我們執著在這個檢查系統的「有念」裡，即使是善念也是邪念。

《六祖壇經》中所謂的「有念」，是指習得的成見或教條式的刻板知見和觀念，甚至對知識的食古不化，都稱為「有念」。慧能的弟子法達，頌讀《法華經》已達三千遍，自己以為用功深厚，反倒起了貢高自負的我相。後來經過慧能無念和無相的啟發才悟道，慧能說：

心迷法華轉，心悟轉法華，
誦經久不明，與義作讎家，
無念念即正，有念念成邪，
有無俱不計，長御白牛車。

顯然，在「有念」的情況下，我們會把一切所知所見，視為不易的定則。在這種情況下，自己知道得愈多，成見愈深，排斥得也愈多，抗拒學習（resistance to learning）新知的力量也就更大。反之，如果能以「無念」來處理所學的知識和觀念，不被成見所障，自然「念念不被愚迷染」，而能念念發慧，發出聰慧的創造力，使自己內在的菩提自性常現光明。《壇經》上說：

何名無念，若見一切法心不染著，是為無念。

◆

悟無念法者，萬法皆通；悟無念法者，見諸佛境界；悟無念法者，至佛地位。

無念代表另一種涵義，就是一個人要能積極地了解自己，接納自己，實現自己，不要把自己拿來跟別人比較，如果把自己拿來跟別人比較，就等於否定自己，把自己變造成別人的樣子，而壓抑了自己的本真。事實上，每一個人的能力不同，性向有別，過去的經驗和環境都不相同。要想過得自在，享有「自我實現」（self fulfillment）的生活，就必須根據自己的本質去生活。根據自己的根性因緣去實現大乘菩薩行，這樣一來，無論士、農、工、商各行各業，各在自己的崗位實現自己，行六波羅蜜，在自己的工作與生活中自悟自度，不與別人比較，所以叫做無念。《壇經》上說：

無念者，於念而無念。

「於念」是從自己本質去生活的念，它又叫做「直心」。《壇經》上說：

直心是道場，直心是淨土。

倘若一個人自己不斷跟別人比較，就有了競爭。有了總總造作貪求的「有念」，就造成「前念今念後念，念念相續不斷，名為繫縛」。所以要立無念為宗，只有無念才能在意識的活動過程中，保持暢通無滯，保持清淨的慧性，去來自由，沒有壓抑所產生的焦慮、情緒化和煩惱。《壇經》上說：

迷人於境上有念，念上便起邪見，一切塵勞妄想從此而生。

今天，我們的社會普遍被煩惱塵勞所苦，是因為自己天天跟別人比較所產生的。

無念不是指百物不思，因為那就造成了著空的無記空。「若百物不思，念盡除卻，一念絕即死，別處受生，是為大錯。」因此，《壇經》所謂的空，是指從檢查系統中解脫出來，讓自己見自本性，流露出慈、悲、喜、捨來，使自己生活得更自在，更不著相，而表現出活潑的智慧。故《壇經》上說：

無者，無二相，無諸塵勞之心；念者，念真如本性。

一個人能真正依照自己的根性因緣去過實現的生活，就是真正的無念。因此，無念是通往自我實現的唯一之路。當我們能把一切比較、好壞、高下、成見統統放下時，就能根據如如實實的自己去過實現的生活，那就是無念。禪所謂的平常心就是這個無念的心，就是所謂的「無心道人」。

無念與持戒亦有密切的關係。戒在心理學上可解釋為生活的格律，它本身就是良好的生活與工作習慣，是一個人能夠過實現生活的因素之一。如果我們把戒視為強制自己的規範，加上懼怕犯戒和觸怒護法神的權威，自己的生活就被一種強烈的檢查系統所控制。這麼一來，時時刻刻生活在懼怕犯戒之中，那種不安反而嚴重地損害了戒律，扭曲了戒相；人成為戒條的奴隸，而不是實踐萬德的主人。結果，持戒不能成為內禪外定的精神力量，反而成為一種負擔，生活變成了苦行，修行處處有了障礙。

六祖慧能把持戒賦予積極的意義，經上說：

> 自心中無非、無惡、無嫉妒、無貪嗔、無劫害，名戒香。

◆

> 心平何勞持戒，行直何用參禪。

如果先有了邪行再來修戒，就太遲了，因為邪行已經出現了。所以真正的戒是「戒而無戒」，心中自性清淨，常發智慧。因而《壇經》上所說的五分法身香（戒香、定香、慧香、解脫香和解脫知見香），是權宜而說為五的，其實只有一個，就是「自性淨土」，「見自心佛」，是個無念而純真的佛性。

當我們放下虛幻的追求和貪念，放下權威良心對善惡是非的挑剔，而以一念清淨心發慧，「觀照自性，不造諸惡，維修眾善，心不執著」時，那一念就是純真的一念，是「無染無雜」的一念，也是光明的一念，我們稱它叫無造作的念。

至於無相則與無念略有不同，無相是指不被境界所牽。生活是自己與環境之間的相互作用，如果在互動的過程中，自己被境界所迷，把握不了自己，那麼自己就成為境界的奴隸，做不得主，那就要隨著境起生滅，而迷失了自己。一個做不得主的人，他的潛意識中一定有一個心結在做祟，一個會對色相迷戀而失去覺性的人，是由於壓抑了清淨自性所致。無相表示自己不被物慾色相所迷，從而產生了肯定性和覺性。人唯有無相才可能看到真理，才可能認清自己，接納自己，做一個覺者，生活在無障礙之中，《壇經》上說：

> 善知識！何名坐禪？此法門中無障無礙，外於一切善惡境界，心念不起名

為坐，內見自性不動名為禪。善知識！何名禪定，外離相為禪，內不亂為定。外若著相，內心即亂，外若離相，心即不亂，本性自淨自定。

能做到無相無念，心靈就算是真正自由了，自己也能從權威的良心中解放出來，無善無惡，非善非惡，放曠而行，觸目遇緣無非是道，行、住、坐、臥處處是道場。這就是「無所住而生其心」的實現生活。

自性與見性

其次，我們討論自性、慧性和見性的問題。心理分析學把人格分成三個部分，即本我（id）、自我（ego）和超我（super ego），並將它們看成一個關係密切的三人小組。本我像是一個活潑的孩子，凡事希望即刻得到滿足。它是心理動能（energy）的主要來源，受到快感原則的支配。本我位於潛意識之內，它隨著慾望的刺激而緊張起來，並且即刻需要滿足。如果得不到滿足，就會轉入幻想。動能所表現的原始慾求包括維生的需要、性、安全感、追求成功、自我實現等等。這些需要的力量統稱為慾力。本我的本質是：「我要！現在！」它含藏著許多動物性、原始性和反社會文化之慾求，以致不能樣樣得到滿足。因此，本我的慾望常因為壓抑而轉為潛意識，並以改頭換面的方式，重新出現，影響個人的行為。壓抑有時也會使慾求的動能昇華，在適當的情況下，成為人類最美好的德性。昇華與轉識成智息息相關。

自我與本我是共存的，它遵行現實原則，藉著與現實情境的接觸，以及吸收生活經驗，逐漸增強其功能。自我是最清楚生活世界的智者，它成為一切智慧的來源，本我在還沒有洗鍊之前，它是一種慾力，是一切煩惱的發動者，但本我卻與自我的慧性共存，只要經過生活的經驗和修治，自我即刻可以顯現出來。所以《壇經》上說：

修證即不無，污染即不得。

本我的煩惱性和自我的慧性之間，只是一線之隔。神會和尚在滑臺大雲寺定宗旨的辯論會上答覆北宗質問說：

辟如金之與礦，俱時而生。得遇金師，鑪冶烹鍊，金之與礦，當時各自。金則百鍊百精，礦若再鍊變成灰土。《涅槃經》云，金者喻於佛性，礦者喻於煩惱。

自我顯然是在生活經驗中不斷的強壯起來，而強壯的自我成為健康人格的條件。自我是一切悟的主體，是「開覺知見、示覺知見、悟覺知見、入覺知見」的本體。透過自我的覺性，我們才得以見性、得以如如實實的去過創造性的生活和醒覺的生活。

組成人格的第三部分就是超我。也就是前面所謂的權威的良心。它的本質是隨時發號施令，如「應該」、「可恥」、「卑鄙」等等，它不斷的在分別善惡，卻又不斷的在苛責自己、挑剔自己，或者苛責別人、挑剔別人。因此，超我不是智慧的來源，它只能稱為日常生活的規範。如果超我過於強大，則會使人產生嚴重的障礙。

現在我們要來追問，見性是什麼？從上述心理分析學的討論，見性是一種心理過程，它與佛洛伊德所說的：「何處有本能，何處就要有自我」是相當的。見性是以自我去理會本我，去淨化超我，對生活做一徹底的醒覺，而不是用超我的權威性良心，來統理本我中的「自性眾生」。《壇經》中說：

悟此法者，即是無念、無憶、無著，不起誑妄，用自真如性。以智慧觀照於一切法，不取不捨，即是見性成佛道。

這段經文中所謂「用自真如性」就是以自我的慧性，來觀照一切生活中的事事物物；用它來主導自己的特質，不增不減，不生不滅，如實的實現，而不用權威的良心，來壓抑自己的本質，那就是能見自本性了。經上又說：

若聞頓教，不執外修，但於自心常起正見，煩惱塵勞常不能染，即是見性。善知識！內外不住，去來自由，去除執心，通達無礙，能修此行，與般若經本無差別。

慧性是一種空性，它不被物慾所迷，不被成見和潛意識所發出來的情緒性干擾所左右，所以它是自由的。透過心靈的自由，就可以通達無礙，把塵勞變為實現的生活，把煩惱化做一切功德。《壇經》上又說：

不悟即佛是眾生（煩惱），一念悟時，眾生是佛，故知萬法盡在自心，何不從自心中頓見真如本性。

慧性是每個人本來都有的，如果我們用這慧性來引導本能中的種種動力，就可以「蕩相遣執」，就可以「轉識成智」。透過自我的慧性，就可以依照自己的根性去實現。把自己與生俱來的本質（業力），加以昇華，加以實現，如實成就大乘菩薩行，利樂有情眾生。每一個人的根性不同，每個人都依他的根性因緣成就功德。你之所以為你是好的，我之所以為我也是好的，你是你，我是我，彼此不同，談不上比較。當每一個人依其根性，透過自我的慧性而實現時，每一個人都是圓滿的，都是平等的。所以《壇經》上說：

只合自性自度。

◆何期自性本自清淨，何期自性本不生滅，何其自性本自具足，何其自性本無動搖，何其自性能生萬法。

由此可見，生活的最高理則就是見性，就是把自己的本質實現出來，做為服務人群的菩薩行，從而提升自己的精神生活，行果圓滿，得大自在，這也就是轉識成智和蕩相遣執的本義。

見性的法門

禪學所謂的見性可以解釋為徹底的醒覺和自我實現。醒覺就是要從造作和虛幻之中解脫出來，活得清醒，有活力，有朝氣，能真正投注於生活，享有生活的充分意義。當然醒覺也要從潛意識的干擾中脫穎而出，覺悟過來，把潛意識中天生含藏的本能業力，透過轉識成智，實現出來，成就一切福德與功德。這樣的人生就是光明的人生，是根據自己的因緣來實踐大乘菩薩行的自悟自度。

什麼是見性的法門，這在《壇經》中可以找到豐富的答案，經上說：

吾今為說摩訶般若波羅蜜法，使汝等各得智慧。

慧能認為「摩訶般若波羅蜜法」就是見性的方法。摩訶是大，是「心量廣大，猶如虛空」。也就是說，只要能放下種種成見、高下的比較、人我的對立和防衛性機制（defense mechanism），那麼一個人的心理生活空間也就擴大了，心胸開朗了，一切覺得自在了。另一方面，正因為把成見和虛幻放下，就可以充分了解自己，接納自己，為自己訂一個合理而實際的抱負水準，如實地實現它，得到真正的自我實現，享有了生命的喜悅。經上說：

自性能含萬法是大，萬法在諸人性中。

只要不壓抑自己的本真，心體無滯，讓自己任運實現，自然成就了「空」

的功德。

《壇經》中「大」的本義就是空，空的修行法門不是百物不思的「無記空」，而是空掉一切虛幻和執著。如果用文法的詞類來解釋「空」，則「空」有兩層含義。第一層是動詞，即放下的意思。當一個人能放下一切貪婪，一切人我之間的比較、競爭和對立，他的自性很容易就發出光潔的生命智慧與活力。第二層是名詞，它是指自我所發出智慧的空性。智慧不是知識，不是理則和邏輯，而是一種「能含萬法」的可能性。它是認知、創造、生活、實現萬德的可能性。它是一個空性的本體，但卻能應物生智，故云：

用即了了分明，應用便知一切。一切即一，一即一切，去來自由，心體無滯，即是般若。

所以空又是實性，是般若的體性，正因為它是空，所以不會被色相、知識、過去的經驗所障蔽，而能發出智慧的光芒。它是「一」個實性的本體，它的性質就是慧性。

其次是「般若」智慧的問題。智慧是以空性的自我，觀照自己的本質及根性因緣，實現為「三身四智」。因此它成為見性成佛的積極性力量。故云「用此心直了成佛」、「若識自心見性成佛」。慧能對四智的偈語是：

大圓境智性清淨，
平等性智心無病，
妙觀察智見非功，
成所作智同圓鏡。

現在我們解釋四智如下：

一、**成所作智**：是一個人經過淨化之後，了解自己，接受自己，實現自己。每個人依照自己的能力、興趣、性向去實現潛能，把八識中的眼識、耳識、鼻識、舌識、身識和意識轉識成智為「成所作智」，成就一切福德與功德，使自己過成功、充實而自我肯定的生活。因此，所有一切萬法都是由自心中實現出來的。

二、平等性智：每一個人的根性因緣不同，但實現的結果都得到圓滿，同證佛果，所以是平等的。每一個人都是獨特的、唯一的、尊貴的。人類的社會是由各種不同的人結合而成，每個人都很重要，我們需要工程師，也需要工人和商人。因此人人平等，人人尊貴，每一個人都能見性成佛，所以叫做平等性智。平等心使一個人回歸到真我，使自己清淨而無虛幻，故云：「平等性智心無病」。

三、妙觀察智：當我們依自己的根性實現證入佛性時，便有了真正的肯定性，而不再需要與別人比較，不再陷入是非之心，不再虛幻地追求，那時就能從理事無礙進而到事事無礙，發展出「正法眼藏」，一切平等，不貪造作之功，不向外覓佛，而自見性成佛，故云「妙觀察智見非功」。

四、大圓境智：當一個人實現了自己的潛能。把阿賴耶潛意識中的業力實現為福德和功德，淨化了前八識，證入如來藏。對外把它布施給社會，服務人群。對內不起執著，真正的做到「無所住」。這時才真正悟入空性，故云「大圓鏡智性清淨」。

以上四種智慧，不但把世間法和出世間法完全的融合，同時也真正悟入了不二法門，成就正等正覺，過如如實實的生活，從許多虛幻中解脫出來。在《壇經》中，佛與眾生是不二的，自性與佛性是不二的。人只有從他自己的生活中去實現生活，才能把業力轉識成智，真正淨化自己的業力，同時把自己的福報布施給社會，自己才能做到無染無執著，而完全地證入清淨法身，所以菩薩乘與佛乘也是不二的。

這樣一來，生活就是修行，修行就是生活。生活是一種實現的圓滿與喜悅，而不是一種負擔和勉強。於是，生活可以分成三個層次，它代表了三個生活的領域和角色：化身、報身和法身。從權宜方便的說明，它們被分為三，從如實的本體來看，它們實際上是一個法身。現在說明如次：

一、**千百億化身：**是「自性起用」，把自己的能力實現出來，無論到哪裡，自己都做一個有用的人，都能貢獻自己的能力，服務社會，這一層有很豐富的福報。《壇經》上說：「說即雖萬般，合理還歸一。」人從自己單一的自性出發，無染無雜，隨機遇緣，可以做無量無邊的工作，可以在任何地方、任何時間，做好他應當扮演的角色。所以是「一即一切，一切即一」、「使六識出六門，於六塵中無染無雜，來去自由，通用無滯，是即般若三昧自在解脫。」因為他生活在他自己的本質之中，沒有被虛幻所障礙，不壓抑自己的潛能，實踐力行了尊貴的生命所表現出來的生活，所以《壇經》上說：「千百億化身，汝之行也。」

二、圓滿報身：當我們把一切虛幻和執著放下時，自性中的智慧，把業力引導到有益於人類不斷成長和自性不斷淨化的路上，所以智慧就不斷增長，這正是心理分析學所謂的何處有本能，何處就要有自我。定（淨）與慧是分不開的，「定慧等持，意中清淨」、「用本無生，雙修是正」，只有在定慧等持下去實現生活，才是大乘菩薩行，才可能做到「無緣大慈，同體大悲」的大慈大悲德行。充分的實現自性，就是見性，它是生命智慧的源頭，故《壇經》說：「圓滿報身，汝之智也。」這種光明的智慧與實現，代表著生命的最高意義與圓滿。

三、清淨法身：當我們依照自己的根性因緣去實現自己、去實踐菩薩行時，阿賴耶識中的潛意識業力被轉識成智，於是淨化了。實現出來的一切，再經蕩相遣執，放下執著，就能內外解脫，過圓滿的生活，那就是人類精神生活的極至，是精神法界的本體，故云「應無所住而生其心」、「清淨法身汝之性也」。

最後討論波羅蜜的部分。波羅蜜就是從此岸到彼岸的意思；要從愚迷的此岸到醒覺的彼岸，要從虛幻的此岸到清淨的彼岸，要從塵勞的此岸到自在的彼岸。也就是不被色相所迷，不被境界所牽的自發性覺者，故《壇經》說：

◆到彼岸，解離生滅。著境生滅起，如水有波浪，即名為此岸。離境無生滅，如水常流通，即名為彼岸，故號波羅蜜。

離生滅除了表示不被外界境相所牽之外，更表示自己脫離了潛意識的干擾，反而把潛意識中的動能，實現為功德，把壓抑在其中的業力實現出來，接納它，而入於空性與覺性。

此外，《壇經》還傳「自性五分法身香」，從戒、定、慧三學開始，而止於解脫及解脫知見。這五個修行法門使人能提升精神生活，達到佛位。「此香各自內薰，莫向外覓」，只有從歸依自性佛中才能成就正等正覺的佛位。

善知識！各自觀察，莫錯用意，經文分明言自歸依佛，不言歸依他佛；自佛不歸，無所依處。

成佛顯然不是向外追求的事，而是要「內調心性，外敬他人」。而要把自己的色身，歸依千百億化身、圓滿報身、清淨法身。這樣就是自悟自度，過實現的生活，在世間法中成就佛位。誠如智通受慧能啟發後悟道偈所說：

三身元我體，四智本心明，
身智融無礙，應物任隨形，
起修皆妄動，守住匪真精，

妙旨因師曉，終亡染污名。

人類透過清淨的一念，發自內心的本性，既是佛法也是世間法，所以說：

佛法在世間，不離世間覺，

離世覓菩提，恰如求兔角。

《壇經》所留給我們的是活潑的生活。它的教誡是在實現的生活中成佛。

拾

結語——禪與佛

言無展事，
語不投機，
承言者喪，
滯句者迷。

——宋・無門和尚

禪就是要一個人充分地醒覺過來，看清自己，接納自己，不被物慾所牽，不被色相所迷，依照自己的根性因緣自自在在的生活，如如地綻放生命之華。人只有自己能肯定自己才有喜悅，才有微笑，才有生活的實現，才有圓滿的人生。反之，如果每天乞求別人的肯定與讚美，貪婪地追求財富和名利，自己也就變成物慾的奴隸。

禪的宗旨即是成佛，佛的本義就是覺。當我們醒覺過來時，便看到自己本來就是佛。這說來簡單，但做起來並不容易，所以必須透過一番修行。但是修行本身就是生活，我們不可能為著成佛而生活，這樣生活又被貶抑成為成佛的手段，以致生命的實現與微笑盡失。禪就是要指引我們在生活中醒覺，在行、住、坐、臥中見性，在生命與生活的實現中成佛。

禪宗的典籍公案很多，但是語言文字只是一個標示的符號，而非禪的本身。學禪切忌把文字理論當目的，而是要當下去流露自己的如來。就因為如此，見性不是「看」到什麼，而是如如實實的生活，歡歡喜喜的披露真如自性。所以，禪所謂的修行不離生活，不離工作，不離平常的活動，禪是當下一口氣完成了醒覺與實現。

禪也要念佛，禪的念佛不若淨土法門那樣祈求佛力加被，透過佛的庇祐和神力感通，來達到生命的圓滿。禪的念佛是一心繫念佛，提醒自己時時刻刻覺醒，以佛為典範，在生活中現佛如來法性。所以，學禪的人當然要念佛，只有「心繫一佛」的念佛，才能做到「口念心行」，證悟成佛。

禪是醒覺自在的生活中流露出來的自然，而不是加給生活一些勉強的約束刻意造作出來的。因此，禪不是知性的語言文字，更不是學術的理論和系統知識，禪是當下一切具足的生活實現。唐朝臨濟禪師是黃檗大師的弟子。有一次他參訪翠峰禪師。翠峰問：

「平常黃檗怎麼教導弟子？」

臨濟禪師說：

「用語言表達不出真理，黃檗不用語言教導學生。」

翠峰說：

「什麼都不說不教，學生怎麼參學呢？」

臨濟說：

「教是有的，只是不同一般言說，有時揚眉瞬目，有時棒喝打罵，若論教授，一字也無。」

於是翠峰要臨濟舉個例子，臨濟則說，沒有辦法舉例子，因為那不是足跡能到的地方。翠峰很疑惑的說：

「足跡不能到，心念總可以到吧！」

臨濟說：

「如果要心念到達，那就有所偏差，因為有到達的地方，也就有不到達的地方。」

翠峰說：

「如果完全封閉語言意念，我們如何見道呢？」

臨濟說：

「當下見道。」

禪是一切現成的，有了高下、善惡、貴賤和有無的言說，便有了挑剔、不安、嫉妒和得失的煩惱。停留在語言的討論，就可能陷在「思而知，慮而解，是鬼家活計」的死胡衕。禪是覺醒的生活，無關文字的。

但是，禪也不是不重視文字言說，要不然黃檗怎麼會有《傳心法要》和

《宛陵錄》二書流傳呢?禪的路標需要文字,就好像旅行需要地圖,但地圖絕對不是旅行。禪家所謂的「言語道斷」的本義不是很明顯的嗎?

當你看完了這本書,若有理解,那只是地圖而已,不是旅行的本身。要想實現「見性成佛」的醒覺生活,展露生命的微笑,契會十方諸佛的妙諦,只有自己去實現了。宋朝無門和尚說:

從門入者不是家珍,
從緣得者始終成壞。

每一個人的根性因緣各殊,悟道之途和生活的實現總不相同,只有「自悟自度」,自己依著自己的因緣去實現,才能契會如來的佛心,展露生命的微笑。

國家圖書館出版品預行編目資料

禪・生命的微笑：以禪法實現自我，做生活的主人／
鄭石岩作. -- 四版. -- 臺北市：遠流, 2006 [民95]
面；　公分. --（大眾心理館鄭石岩作品集. 禪學與
生活；2）

ISBN 957-32-5736-X（平裝）

1. 禪宗 - 修持　2. 生活指導

225.791　　95003411

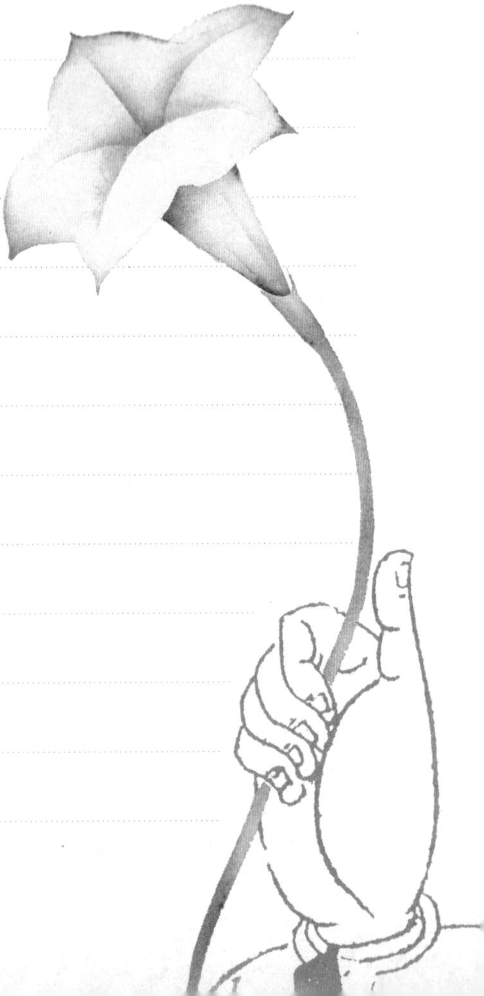

心得筆記

心得筆記